(明)宋應星 撰

明本天工開物

第二册

國家圖書館出版社

第二册目録

卷下

舟車第九卷

宋子曰人羣分而物異產來往貿遷以成宇宙若各居而老死何藉有羣類哉人有貴而必出行畏周行物有賤而必須坐窮負販四海之內南資舟而北資車梯航萬國能使帝京元氣充然何其始造舟車者不食尸祝之報也浮海長年視萬頃波如平地此與列子所謂御冷風者無異傳所稱奚仲之流倘所謂神人者非耶

舟

凡舟古名百千今名亦百千或以形名（如海鰍江鯿山梭之類）或

以量名載物之數或以質名各色木料不可殫述遊海濱者得見洋船居江湄者得見漕舫若局趣山國之中老死平原之地所見者一葉扁舟截流亂筏而已粗載數舟制度其餘可例推云

漕舫

凡京師爲軍民集區萬國水運以供儲漕舫所由興也元朝混一以燕京爲大都南方運道由蘇州劉家港海門黃連沙開洋直抵天津制度用遮洋船永樂間因之以風濤多險後改漕運平江伯陳某始造平底淺船則

今糧舡之制也凡船制底爲地枋爲宮墻陰陽竹爲覆瓦伏獅前爲閥閱後爲寢堂桅爲弓弩弦蓬爲翼櫓爲車馬𥱼縴爲履鞵繂索爲鷹雕筋骨招爲先鋒舵爲指揮主帥錨爲劄軍營寨糧舡初制底長五丈二尺其板厚二寸採巨木楠爲上栗次之頭長九尺五寸梢長九尺五寸底濶九尺五寸底頭濶六尺底稍濶五尺頭伏獅濶八尺稍伏獅濶七尺梁頭一十四座龍口梁濶一丈深四尺使風梁濶一丈四尺深三尺八寸後斷水梁濶九尺深四尺五寸兩廒共濶七尺六寸此其初制載

米可近二千石交兊每隻止足五百石後運軍造者私增身長二丈首尾濶二尺餘其量可受三千石而運河閘口原濶一丈二尺差可度過凡今官坐舡其制盡同第窓戶之間寬其出徑加以精工彩飾而已凡造舡先從底起底面傍靠檣上承棧下親地面隔位列置者曰梁兩傍峻立者曰檣蓋檣巨木曰正枋枋上曰弦梁前竪桅位曰錨壇壇底横木夾桅本者曰地龍前後維曰伏獅其下曰拏獅伏獅下封頭木曰連三枋舡頭面中缺一方曰水井其下藏纜索等物頭面眉際樹兩木以繫纜者曰將軍柱

舡尾下斜上者曰草鞋底後封頭下曰短枋枋下曰挽腳梁舡稍掌舵所居其上曰野雞篷使風時一人坐篷巔收守篷索凡舟身將十丈者立桅必兩樹中桅之位折中過前二位頭桅又前丈餘糧舡中桅長者以八丈爲率短者縮十之一二其本入窓內亦丈餘懸篷之位約五六丈頭桅尺寸則不及中桅之半篷縱橫亦不敵三分之一蘇湖六郡運米其舡多過石甕橋下且無江漢之險故桅與篷尺寸全殺若湖廣江西省舟則過湖衝江無端風浪故錨纜篷桅必極盡制度而後無患凡風篷尺寸其則

一視全舟橫身過則有患不及則力軟凡舡篷其質乃析篾成片織就夾維竹條逐塊摺疊以俟懸掛檣舡中桅篷合併十人力方克湊頂頭篷則兩人帶之有餘凡度篷索先係空中寸圓木關捩于桅巔之上然後帶索腰間緣木而上三股交錯而度之凡風篷之力其末一葉敵其本三葉調勻和暢順風則絕頂張篷行疾奔馬若風力洊至則以次減下遇風鼓急不下以鈎搭扯狂甚則只帶一兩葉而已凡風從橫來名曰搶風順水行舟則掛篷之玄遊走或一搶向東止寸平過甚至却退數十丈未及

岸時捩舵轉篷一搶向西借貸水力兼帶風力軋下則頃刻十餘里或湖水平而不流者亦可緩軋若上水舟則一步不可行也凡船性隨水若草從風故制舵障水使不定向流舵板一轉一泓從之凡舵尺寸與船腹切齊若長一寸則遇淺之時舡腹已過其稍尾舵使膠住設風狂力勁則寸木爲難不可言舵短一寸則轉運力怯回頭不捷凡舵力所障水相應及船頭而止其腹底之下儼若一泒急順流故船頭不約而正其機妙不可言舵上所操柄名曰關門棒欲船北則南向捩轉欲船

南則北向捩轉船身太長而風力橫勁舵力不甚應手則急下一偏披水板以抵其勢凡舵用直木一根糧船用者圍三尺長丈餘爲身上截衡受棒下截界開銜尸納板其中如斧形鐵釘固拴以障水稍後隆起處亦名曰舵樓凡鐵錨所以沉水繫舟一糧船計用五六錨最雄者曰看家錨重五百斤內外其餘頭用二枝稍用二枝凡中流遇逆風不可去又不可泊或業已近岸其下有石非沙亦不可泊惟打錨深處則下錨沉水底其所繫緯纏繞將軍柱上錨爪一遇泥沙扣底抓住十分危急則下看家錨繫此錨者名曰本身盖

重言之也或同行前舟阻滯恐我舟順勢急去有撞傷之禍則急下梢錨提住使不迅速流行風息開舟則以雲車絞纜提錨使上凡船板合隙縫以白麻斮絮爲筋鈍鑿扱入然後篩過細石灰和桐油舂杵成團調艌溫台閩廣即用蠣灰凡舟中帶篷索以火麻稭（一名大麻）絢絞粗成徑寸以外者即係萬鈞不絕若繫錨纜則破析青篾爲之其篾線入釜煮熟然後糾絞拽縴簤亦煮熟篾線絞成十丈以往中作圈爲接驅遇阻礙可以掐斷凡竹性直篾一線千鈞三峽入川上水舟不用糾絞簤縴

即破竹濶寸許者整條以次接長名曰火杖蓋沿崖石稜如刃懼破篾易損也凡木色桅用端直杉木長不足則接其表鐵箍逐寸包圍船窗前道皆當中空闕以便樹桅凡樹中桅合併數巨舟承載其末長纜繫表而起梁與枋檣用楠木櫧木樟木榆木槐木樟木春夏伐者久則粉蛀棧板不拘何木舵桿用榆木榔木櫧木關門棒用椆木榔木櫓用杉木檜木楸木此其大端云

海舟

凡海舟元朝與國初運米者曰遮洋淺船次者曰鑽風

船（即海鰍）所經道里止萬里長灘黑水洋沙門島等處苦無大險與出使琉球日本暨商賈爪哇篤泥等舶制度工費不及十分之一凡遮洋運舡制視漕舡長一丈六尺濶二尺五寸器具皆同唯舵桿必用鐵力木艌灰用魚油和桐油不知何義凡外國海舶制度大同小異閩廣（閩由海澄開洋廣由香山嶴）洋舡截竹兩破排柵樹于兩傍以抵浪登萊制度又不然倭國海舶兩傍列櫓手欄板抵水人在其中運力朝鮮制度又不然至其首尾各安羅經盤以定方何中腰大橫梁出頭數尺貫插腰舵則皆同

也腰舵非與稍舵形同乃濶板斵成刀形揷入水中亦不捩轉盖夾衛扶傾之義其上仍橫柄拴于梁上而遇淺則提起有似乎舵故名腰舵也凡海舟以竹筒貯淡水數石度供舟內人兩月之需遇島又汲其何國何島合用何向針指示昭然恐非人力所祖舵工一羣主佐直是識力造到死生渾忘地非鼓勇之謂也

雜舟

江漢課船身甚狹小而長上列十餘倉每倉容止一人臥息首尾共槳六把小桅篷一座風濤之中恃有多槳

挾持不遇逆風一晝夜順水行四百餘里逆水亦行百餘里國朝鹽課淮揚數頗多故設此運銀名曰課舡行人欲速者亦買之其舡南自章貢西自荆襄達于瓜儀而止

三吳浪舡凡浙西平江縱横七百里内盡是深溝小水灣環浪舡最小者名曰塘舡以萬億計其舟行人貴賤來往以代馬車扉履舟即小者必造窻牖堂房質料多用杉木人物載其中不可偏重一石偏即欹側故俗名天平舡此舟來往七百里内或好逸便者徑買北達通津只有

鎮江一橫渡候風靜涉過又渡青江浦遡黃河淺水二百里則入閘河安穩路矣至長江上流風浪則沒世避而不經也浪舡行力在稍後巨櫓一枝兩三人推軋前走或恃纜篷至于風篷則小席如掌所不恃也東浙西安舡浙東自常山至錢塘八百里水徑入海不通他道故此舟自常山開化遂安等小河起錢塘而止更無他涉舟制箬篷如捲甕爲上盖縫布爲帆高可二丈許綿索張帶初爲布帆者原因錢塘有潮湧急時易于收下此亦未然其費似侈于篾席摠不可曉

福建清流稍篷船其船自光澤崇安兩小河起達于福州洪塘而止其下水道皆海矣清流船以載貨物客商稍篷制大差可坐臥官貴家屬用之其船皆以杉木爲地灘石甚險破損者其常遇損則急艤向岸搬物掩塞船稍徑不用舵船首列一巨招擢頭使轉每帮五隻方行經一險灘則四舟之人皆從尾後曳纜以緩其趨勢長年即寒冬不果足以便頻濡風篷竟懸不用云

四川八櫓等船凡川水源通江漢然川船達荆州而止此下則更舟矣逆行而上自夷陵入峽挽纏者以巨竹

破爲四片或六片麻繩約接名曰火杖舟中鳴鼓若競渡挽人從山石中聞鼓聲而㑹力中夏至中秋川水封峽則斷絶行舟數月過此消退方通往來其新灘等數極險處人與貨盡盤岸行半里許只餘空舟上下其舟制腹圓而首尾尖狹所以闘灘浪云

黄河滿篷稍其舡自河入淮自淮遡汴用之質用楠木工價頗優大小不等巨者載三千石小者五百石下水則首頸之際横壓一梁巨櫓兩枝兩傍推軋而下錨纜豎帆制與江漢相彷云

廣東黑樓舡鹽舡北自南雄南達會省下此惠潮通漳泉則由海汊乗海舟矣黑樓舡爲官貴所乗鹽舡以載貨物舟制兩傍可行走風帆編蒲爲之不掛獨竿桅雙柱懸帆不若中原隨轉逆流憑藉縴力則與各省直同功云

黄河秦舡（俗名擺子舡）造作多出韓城巨者載石數萬鈞順流而下供用淮徐地面舟制首尾方濶均等倉梁平下不甚隆起急流順下巨櫓兩傍夾推來往不憑風力歸舟挽縴多至二十餘人甚有棄舟空返者

漕舫
定風旗

柁樓

六槳課船

車

凡車利行平地古者秦晉燕齊之交列國戰爭必用車故千乘萬乘之號起自戰國楚漢血爭而後日闢南方則水戰用舟陸戰用步馬北膺胡虜交使鐵騎戰車遂無所用之但今服馬駕車以運重載則今日騾車即同彼時戰車之義也凡騾車之制有四輪者有雙輪者其上承載支架皆從軸上穿鬬而起四輪者前後各橫軸一根軸上短柱起架直梁梁上載箱馬止脫駕之時其上平整如居屋安穩之象若兩輪者駕馬行時馬曳其

前則箱地平正脫馬之時則以短木從地支撑而住不然則欹卸也凡車輪一曰轅（俗名車陀）其大車中轂（俗名車腦）長一尺五寸（見小戎朱註）所謂外受輻中貫軸者輻計三十片其内插轂其外接輔車輪之中内集輪外接輞圓轉一圈者是曰輔也輞際盡頭則曰輪轅也凡大車脫時則諸物星散收藏駕則先上兩軸然後以次間架凡軾衡軫軛皆從軸上受基也凡四輪大車量可載五十石騾馬多者或十二掛或十掛少亦八掛執鞭掌御者居箱之中立足高處前馬分爲兩班（戰車四馬一班分騑服）糾黃麻爲

長索分係馬項後套總結收入衡內兩傍掌御者手執長鞭鞭以麻爲繩長七尺許竿身亦相等察視不力者鞭及其身箱內用二人踹繩須識馬性與索性者爲之馬行太緊則急起踹繩否則翻車之禍從此起也凡車行時遇前途行人應避者則掌御者急以聲呼則羣馬皆止凡馬索總係透衡入箱處皆以牛皮束縛詩經所謂脅驅是也凡大車飼馬不入肆舍車上載有柳盤解索而野食之乘車人上下皆緣小梯凡遇橋梁中高邊下者則十馬之中擇一最强力者係于車後當其下坂

則九馬從前緩曳一馬從後竭力抓住以殺其馳趨之勢不然則險道也凡大車行程遇河亦止遇山亦止遇曲徑小道亦止徐兖汴梁之交或達三百里者無水之國所以濟舟楫之窮也凡車質惟先擇長者為軸短者為轂其木以槐棗檀榆(用榔榆)為上檀質太久勞則發燒有慎用者合抱棗槐其至美也其餘軫衡箱軛則諸木可為耳此外牛車以載芻糧最盛晉地路逢隘道則牛頸係巨鈴名曰報君知猶之騾車羣馬盡係鈴聲也又北方獨轅車人推其後驢曳其前行人不耐騎坐者則

合掛火
箱
衡
輞
輻
轂

車圖

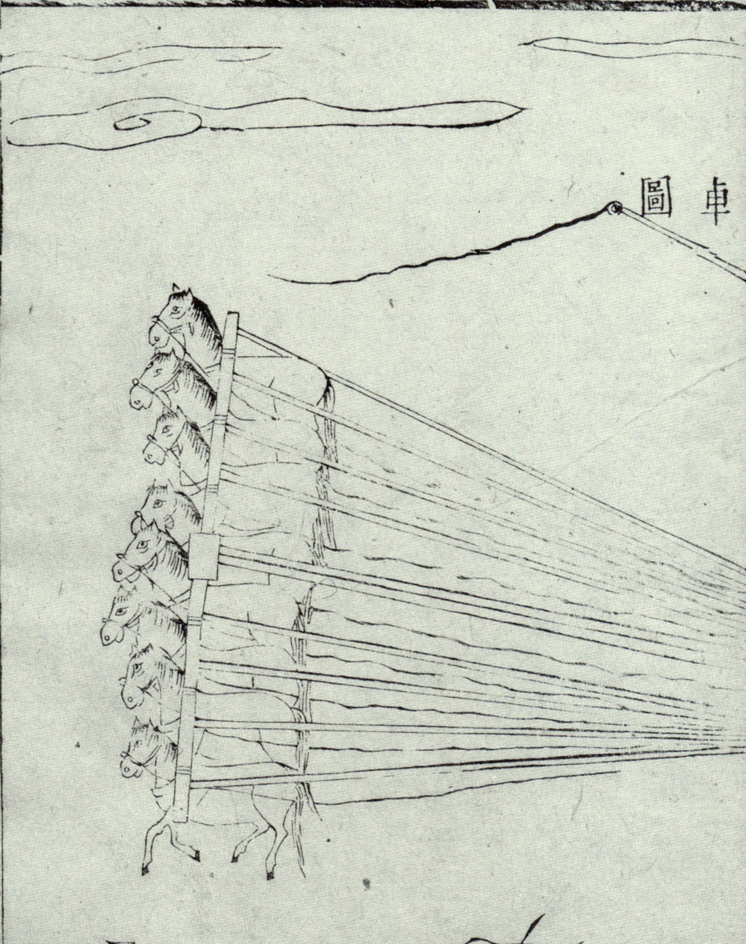

雙縴獨轅車

南方獨推車

雇覓之鞠席其上以蔽風日人必兩傍對坐否則㪍倒此車北上長安濟寧徑達帝京不載人者載貨約重四五石而止其駕牛爲轎車者獨盛中州兩傍雙輪中穿一軸其分寸平如水橫架短衡列轎其上人可安坐脫駕不㪍其南方獨輪推車則一人之力是視容載二石遇坎即止最遠者止達百里而已其餘難以枚述但生于南方者不見大車老于北方者不見巨艦故粗載之

錘鍛第十卷

宋子曰金木受攻而物象曲成世無利器即般倕安所施其巧哉五兵之內六樂之中微鉗錘之奏功也生殺之機泯然矣同出洪爐烈火小大殊形重千鈞者繫巨艦于狂淵輕一羽者透繡紋于章服使冶鍾鑄鼎之巧束手而讓神功焉莫邪干將雙龍飛躍毋其說亦有徵焉者乎

治鐵

凡治鐵成器取已炒熟鐵爲之先鑄鐵成砧以爲受錘

之地諺云萬器以鉗爲祖非無稽之說也凡出爐熟鐵名曰毛鐵受鍛之時十耗其三爲鐵華鐵落若巳成廢器未鏽爛者名曰勞鐵改造他器與本器再經錘鍛十止耗去其一也凡爐中熾鐵用炭煤炭居十七木炭居十三凡山林無煤之處鍛工先擇堅硬條木燒成火墨俗名火矢揚燒不閉穴火其炎更烈于煤即用煤炭亦别有鐵炭一種取其火性内攻焰不虚騰者與炊炭同形而分類也

凡鐵性逐節粘合塗上黄泥于接口之上入火揮槌泥滓成枵而去取其神氣爲媒合膠結之後非灼紅斧斬

永不可斷也凡熟鐵鋼鐵已經爐錘水火未濟其質未堅乘其出火之時入清水淬之名曰健剛健鐵言乎未健之時爲鋼爲鐵弱性猶存也凡釬鐵之法西洋諸國別有奇藥中華小釬用白銅末大釬則竭力揮錘而强合之歷歲之久終不可堅故大砲西番有鍛成者中國則惟事冶鑄也

斤斧

凡鐵兵薄者爲刀劍背厚而面薄者爲斧斤刀劍絕美者以百鍊鋼包裹其外其中仍用無鋼鐵爲骨若非鋼

表鐵裡則勁力所施即成折斷其次尋常刀斧止嵌鋼于其面即重價寶刀可斬釘截凡鐵者經數千遭磨礪則鋼盡而鐵現也倭國刀背濶不及二分許架于手指之上不復欹倒不知用何錘法中國未得其傳凡健刀斧皆嵌鋼包鋼整齊而後入水淬之其快利則又在礪石成功也凡匠斧與椎其中空管受柄處皆先打冷鐵爲骨名曰羊頭然後熱鐵包果冷者不沾自成空隙凡攻石椎日久四面皆空鎔鐵補滿平填再用無弊

鋤鎛

凡治地生物用鋤鎛之屬熟鐵鍛成鎔化生鐵淋口入水淬健即成剛勁每鍬鋤重一斤者淋生鐵三錢爲率少則不堅多則過剛而折

鑢

凡鐵鑢純鋼爲之未健之時鋼性亦軟以已健鋼鏩劃成縱斜文理劃時斜向入則文方成焰劃後燒紅退微冷入水健久用乖平入火退去健性再用鏩劃凡鑢開鋸齒用茅葉鑢後用快弦鑢治銅錢用方長牽鑢鎖鑰之類用方條鑢治骨角用劍面鑢（朱註所謂鑢錫）治木末則錐

成圓眼不用縱斜文者名曰香鎈劃鎈紋時用羊角末和鹽醋先塗

錐

凡錐熟鐵鍾成不入鋼和治書編之類用圓鑽攻皮革用扁鑽梓人轉索通眼引釘合木者用蛇頭鑽其制穎上二分許一面圓二面剜入傍起兩稜以便轉索治銅葉用雞心鑽其通身三稜者名旋鑽通身四方而末鋭者名打鑽

鋸

凡鋸熟鐵斷成薄條不鋼亦不淬健出火退燒後頻加

冷鍾堅性用鎈開齒兩頭銜木爲梁紏篾張開促緊使直長者剖木短者截木齒最細者截竹齒鈍之時頻加鎈鋭而後使之

鉋

凡鉋磨礪嵌鋼寸鐵露刃秒忽斜出木口之面所以平木古名曰準巨者卧準露刃持木抽削名曰推鉋圓桶家使之尋常用者橫木爲兩翅手執前推梓人爲細功者有起線鉋刃濶二分許又刮木使極光者名蜈蚣鉋一木之上銜十餘小刀如蜈蚣之足

鏨

凡鏨熟鐵鍛成嵌鋼于口其本空圓以受木柄（先打鐵骨爲模名曰羊頭杓柄同用）斧從柄漼入木透眼其末粗者濶寸許細者三分而止需圓眼者則制成剜鏨爲之

錨

凡舟行遇風難泊則全身繫命于錨戰舡海舡有重千鈞者錘法先成四爪以次逐節接身其三百斤以內者用徑尺濶砧安頓爐傍當其兩端皆紅掀去爐炭鐵包木棍夾持上砧若千斤內外者則架木爲棚多人立其

上共持鐵練兩接錨身其末皆帶巨鐵圈練套提起揮
轉咸力錘合合藥不用黄泥先取陳久壁土篩細一人
頻撒接口之中渾合方無微罅盖爐錘之中此物其最
巨者

針

凡針先錘鐵爲細條用鐵尺一根錐成線眼抽過條鐵
成線逐寸剪斷爲針先鎈其末成頴用小槌敲扁其本
剛錐穿鼻複鎈其外然後入釜慢火炒熬炒後以土末
入松木火矢豆豉三物罨蓋下用火蒸留針二三口插

錘錨

圖

捕線琢

圖

揷于其外以試火候其外針入手撚成粉碎則其下針火候皆足然後開封入水健之凡引線成衣與刺繡者其質皆剛惟馬尾刺工爲冠者則用柳條軟針分别之妙在于水火健法云

冶銅

凡紅銅升黄而後鎔化造器用砒升者爲白銅器工費倍難侈者事之凡黄銅原從爐甘石升者不退火性受鍾從倭鉛升者出爐退火性以受冷鍾凡響銅入錫參和（法具五金卷）成樂器者必圓成無釬其餘方圓用器走釬

多火粘合用錫末者爲小釬用響銅末者爲大釬（碎銅爲末用飯粘和打入水洗去飯銅末具存不然則撒散）若釬銀器則用紅銅末凡錘樂器錘鉦（俗名鑼）不事先鑄鎔團即錘錘鐲（俗名銅鼓）與丁寧則先鑄成圓片然後受錘凡錘鉦鐲皆鋪團于地面巨者衆共揮力由小濶開就身起弦聲俱從冷錘點發其銅鼓中間突起隆砲而後冷錘開聲聲分雌與雄則在分厘起伏之杪重數錘者其聲爲雄凡銅經錘之後色成啞白受鑢後現黃光經錘折耗鐵損其十者銅只去其一氣腥而色美故錘工亦貴重鐵工一等云

錘鉦具

鐲圖

燔石第十一卷

宋子曰五行之内土爲萬物之母子之貴者豈惟五金哉金與火相守而流功用謂莫尚焉矣石得燔而成功蓋愈出而愈奇焉水浸淫而敗物有隙必攻所謂不遺絲髮者調和一物以爲外拒漂海則衝洋瀾粘甃則固城雉不煩歷候遠涉而至寶得焉燔石之功殆莫之與京矣至于礬現五色之形硫爲羣石之將皆變化于烈火巧極丹鉛爐火方士縱焦勞脣舌何嘗肖像天工之萬一哉

石灰

凡石灰經火焚煉爲用成質之後入水永劫不壞億萬舟楫億萬垣墻窒隙防淫是必由之百里內外土中必生可燔石石以青色爲上黃白次之石必掩土內二三尺堀取受燔土面見風者不用燔灰火料煤炭居十九薪炭居什一先取煤炭泥和做成餅每煤餅一層疊石一層鋪薪其底灼火燔之最佳者曰礦灰最惡者曰窯滓灰火力到後燒酥石性置于風中久自吹化成粉急用者以水沃之亦自解散凡灰用以固舟縫則桐油魚

油調厚絹細羅和油杵千下塞艌用以砌墻石則篩去石塊水調粘合甃墁則仍用油灰用以堊墻壁則澄過入紙筋塗墁用以襄墓及貯水池則灰一分入河沙黄土二分用糯米粳羊桃藤汁和匀輕築堅固永不隳壞名曰三和土其餘造澱造紙功用難以枚述凡温台閩廣海濱石不堪灰者則天生蠣蠔以代之

蠣灰

凡海濱石山傍水處鹹浪積壓生出蠣房閩中曰蠔房經年久者長成數丈濶則數畝崎嶇如石假山形象蛤

之類壓入岩中久則消化作肉團名曰蠣黃味極珍美

凡燔蠣灰者執椎與鑿濡足取來（藥舖所貨牡蠣即此碎塊）疊煤架火燔成與前石灰共法粘砌城墻橋梁調和桐油造舟功皆相同有誤以蜆灰（即蛤粉）爲蠣灰者不格物之故也

煤炭

凡煤炭普天皆生以供鍛煉金石之用南方禿山無草木者下即有煤北方勿論煤有三種有明煤碎煤末煤明煤大塊如斗許燕齊秦晉生之不用風箱鼓扇以木炭少許引燃熯熾達晝夜其傍夾帶碎屑則用潔淨黃

土調水作餅而燒之碎煤有兩種多生吳楚炎高者曰飯炭用以炊烹炎平者曰鐵炭用以冶鍛入爐先用水沃濕必用鼓鞴後紅以次增添而用末炭如麪者名曰自來風泥水調成餅入于爐内既灼之後與明煤相同經晝夜不滅半供炊爨半供鎔銅化石升朱至于燔石爲灰與礬硫則三煤皆可用也凡取煤經歷久者從土面能辨有無之色然後堀空深至五丈許方始得煤初見煤端時毒氣灼人有將巨竹鑿去中節尖銳其末插入炭中其毒烟從竹中透上人從其下施钁拾取者或

一井而下炭縱橫廣有則隨其左右闊取其上枝板以防壓崩耳凡煤炭取空而後以土塡實其井經二三十年後其下煤復生長取之不盡其底及四周石卵土人名曰銅炭者取出燒皂礬與硫黃（詳後款）凡石卵單取硫黃者其氣薰甚名曰臭煤燕京房山固安湖廣荆州等處間有之凡煤炭經焚而後質隨火神化去總無灰滓蓋金與土石之間造化別現此種云凡煤炭不生茂草盛木之鄉以見天心之妙其炊爨功用所不及者唯結腐一種而已（結豆腐者用煤炉則焦苦）

南方空煤
毒烟氣
井内

煤饼烧石成灰
烧蛎房法

鑿取蠣房
潮

礬石　白礬

凡礬燔石而成白礬一種亦所在有之最盛者山西晉南直無爲等州値價低賤與寒水石相彷然煎水極沸投礬化之以之染物則固結膚膜之間外水永不入故製糖餞與染畫紙紅紙者需之其末乾撒又能治浸淫惡水故濕創家亦急需之也凡白礬掘土取磊塊石層疊煤炭餅鍛煉如燒石灰樣火候已足冷定入水煎水極沸時盤中有濺溢如物飛出俗名蝴蝶礬者則礬成矣煎濃之後入水缸內澄其上隆結曰吊礬潔白異常

其沉下者曰缸礬輕虛如棉絮者曰柳絮礬燒汁至盡白如雪者謂之巴石方藥家煅過用者曰枯礬云

青礬　紅礬　黃礬　膽礬

凡皂紅黃礬皆出一種而成變化其質取煤炭外礦石（俗名銅炭）子每五百斤入炉炉內用煤炭餅（自來風不用鼓鞴者）千餘斤周圍包果此石炉外砌築土墻圈圍炉顛空一圓孔如茶碗口大透炎直上孔傍以礬滓厚罨（此滓不知起自何世欲作新炉者非舊滓罨盖則不成）然後從底發火此火度經十日方熄其孔眼時有金色光直上（取硫詳後款）煅經十日後冷定取出

半酥雜碎者另揀出名曰時礬為煎礬紅用其中精粹如礦灰形者取入缸中浸三個時漉入釜中煎煉每水十石煎至一石火候方足煎乾之後上結者皆佳好皂礬下者為礬滓（後炉用此盖）此皂礬染家必需用中國煎者亦惟五六所原石五五百斤成皂礬二百斤其大端也其揀出時礬（俗又名雞屎礬）每斤入黃土四兩入罐熬煉則成礬紅坊墁及油漆家用之其黃礬所出又奇甚乃即煉皂礬炉側土墻春夏經受火石精氣至霜降立冬之交冷静之時其墻上自然爆出此種如淮北磚墻生焰硝樣

刮取下來名曰黃礬染家用之金色淡者塗炙立成紫赤也其黃礬自外國來打破中有金絲者名曰波斯礬別是一種又山陝燒取硫黃山上其滓棄地二三年後雨水浸淋精液流入溝麓之中自然結成皂礬取而貨用不假煎煉其中色佳者人取以混石膽云石膽一名膽礬者亦出晉隰等州乃山石穴中自結成者故綠色帶寶光燒鐵器淬于膽礬水中即成銅色也本草載礬雖五種並未分別原委其崑崙礬狀如黑泥鐵礬狀如赤石脂者皆西域產也

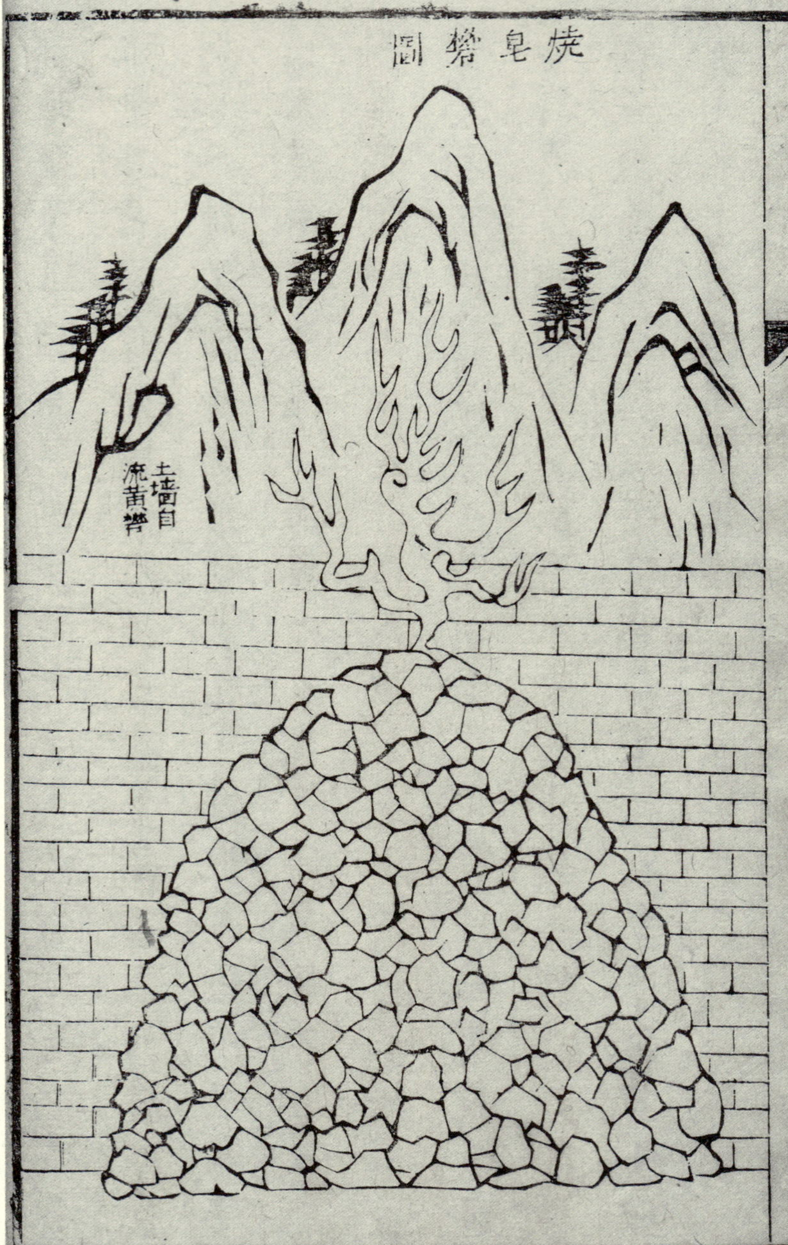

燒皂礬圖

硫黃

凡硫黃乃燒石承液而結就著書者誤以焚石爲礬石遂有礬液之說然燒取硫黃石半出特生白石半出煤礦燒礬石此礬液之說所由混也又言中國有溫泉處必有硫黃今東海廣南産硫黃處又無溫泉此因溫泉水氣似硫黃故意度言之也凡燒硫黃石與煤礦石同形掘取其石用煤炭餅包果叢架外築土作爐炭與石皆載千斤于內炉上用燒硫舊滓罨盖中頂隆起透一圓孔其中火力到時孔內透出黃焰金光先教陶家燒

一鉢盂其盂當中隆起邊弦捲成魚袋樣覆于釓上石精感受火神化出黄光飛走遇盂掩住不能上飛則化成汁液靠著盂底其液流入弦袋之中其弦又透小眼流入冷道灰槽小池則凝結而成硫黄矣其炭燼礦石燒取皂礬者當其黄光上走時仍用此法掩盖以取硫黄得硫一斤則减去皂礬三十餘斤其礬精華已結硫黄則枯滓遂爲棄物凡火藥硫爲純陽硝爲純陰兩精逼合成聲成變此乾坤幻出神物也硫黄不產北秋或產而不知煉取亦不可知至奇砲出于西洋與紅夷則

燒取硫黃圖

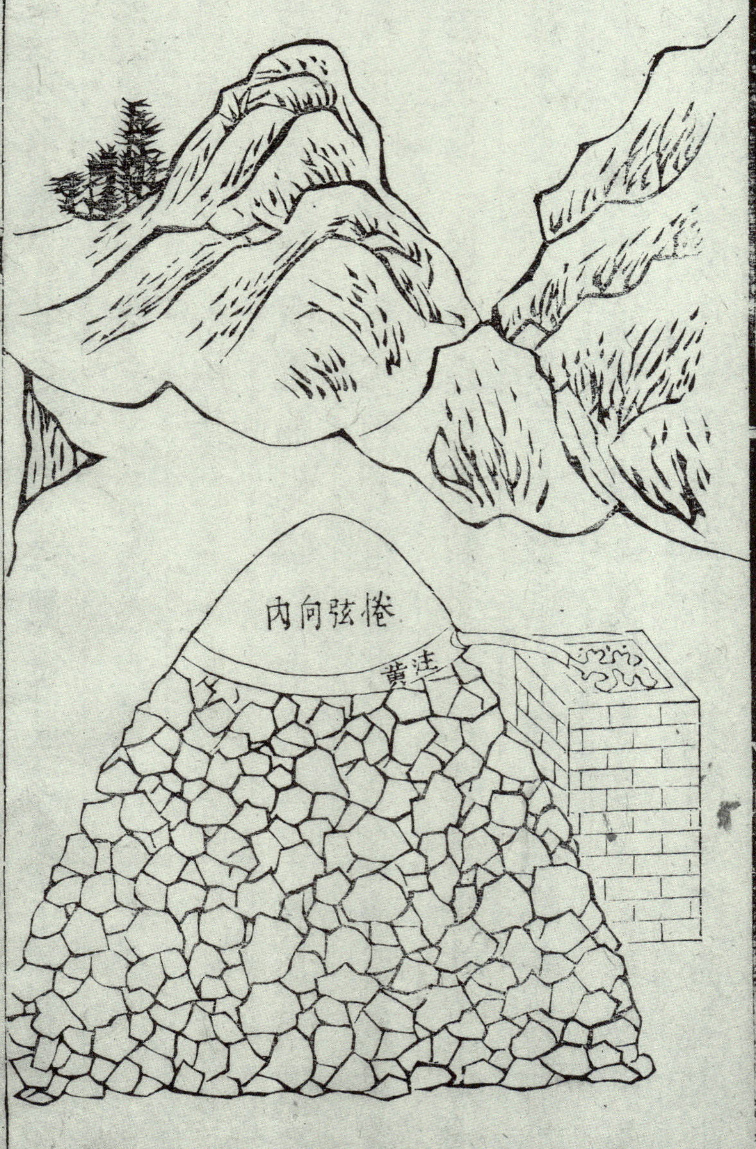

東徂西數萬里皆產硫黃之地也其琉球土硫黃廣南水硫黃皆誤紀也

砒石

凡燒砒霜質料似土而堅似石而碎穴土數尺而取之江西信郡河南信陽州皆有砒井故名信石近則出產獨盛衡陽一厰有造至萬鈞者凡砒石井中其上常有濁綠水先絞水盡然後下鑿砒有紅白兩種各因所出原石色燒成凡燒砒下鞠土窯納石其上上砌曲突以鐵釜倒懸覆突口其下灼炭舉火其烟氣從曲突內熏

貼釜上度其已貼一層厚結寸許下復息火待前烟冷定又舉次火熏貼如前一釜之內數層已滿然後提下毀釜而取砒故今砒底有鐵沙即破釜滓也凡白砒止此一法紅砒則分金炉內銀銅惱氣有閃成者凡燒砒時立者必于上風十餘丈外下風所近草木皆死燒砒之人經兩載即改徙否則鬚髮盡落此物生人食過分厘立死然每歲千萬金錢速售不滯者以晋地菽麥必用伴種且驅田中黃鼠害寧紹郡稻田必用蘸秧根則豐收也不然火藥與染銅需用能幾何哉

燒砒圖
其下曲突

膏液第十二卷

宋子曰天道平分晝夜而人工繼晷以襄事豈好勞而惡逸哉使織女燃薪書生映雪所濟成何事也草木之實其中韞藏膏液而不能自流假媒水火馮藉木石而後傾注而出焉此人巧聰明不知于何稟度也人間負重致遠恃有舟車乃車得一銖而轄轉舟得一石而艣完非此物之爲功也不可行矣至葅蔬之登釜也莫或膏之猶啼兒之失乳焉斯其功用一端而已哉

油品

凡油供饌食用者，胡麻（一名脂麻）、萊菔子、黃豆、菘菜子（一名白菜）爲上，蘇麻（形似紫蘇，粒大于胡麻）、芸薹子（江南名菜子）次之，搽子（其樹高丈餘，子如金罌子，去肉取仁）次之，莧菜子次之，大麻仁（粒如胡荽子，剝取其皮，爲繂索用者）爲下。燃燈則槽仁內水油爲上，芸薹次之，亞麻子（陝西所種，俗名壁虱脂麻，氣惡不堪食）次之，棉花子次之，胡麻次之（燃燈最易竭），桐油與槽混油爲下（桐油毒氣熏人，槽油連皮膜則凍結不清）。造燭則槽皮油爲上，蓖麻子次之，槽混油每斤入白蠟凍結次之，白蠟結凍諸清油又次之，樟樹子油又次之（其光不減，但有避香氣者），冬青子油又次之（韶郡專用，嫌其油少，故列次），北土廣用牛油，則爲下矣凡胡麻與蓖麻子樟樹子每石得油四十斤萊菔子每石得油二十七斤（甘美異常益人五臟）芸薹子每石得三十斤其耨勤而地沃榨法精到者仍得四十斤（陳歷一年則空內而無油）搽子每石得油一十五斤（油味似猪脂甚美其枯則止可種火及毒魚用）桐子仁每石得油三十三斤槽子分打時皮油得二十斤水油得十五斤混打時共得三十三斤（此須絕净者）冬青子每石得油十二斤黃豆每石得油九斤（吳下取油食後以其餅充豕糧）菘菜子每石得油三十斤（油出清如綠水）棉花子每百斤得油七斤（初出甚黑濁澄半月清甚）莧菜子每石得油三十斤（味甚甘美嫌性冷滑）

亞麻大麻仁每石得油二十餘斤此其大端其他未窮究試驗與夫一方已試而他方未知者尚有待云

法具

凡取油榨法而外有兩鑊煮取法以治蓖麻與蘇麻北京有磨法朝鮮有舂法以治胡麻其餘則皆從榨出也

凡榨木巨者圍必合抱而中空之其木樟爲上檀與杞次之（杞木爲者妨地濕則速朽）此三木者脉理循環結長非有縱直文故竭力揮推實尖其中而兩頭無壆拆之患他木有縱文者不可爲也中土江北少合抱木者則取四根合

併爲之鐵箍裹定橫拴串合而空其中以受諸質則散
木有完木之用也凡開榨空中其量隨木大小大者受
一石有餘小者受五斗不足凡開榨闢中鑿劃平槽一
條以宛鑿入中削圓上下下沿鑿一小孔劇一小槽使油
出之時流入承藉器中其平槽約長三四尺濶三四寸
視其身而爲之無定式也實槽尖與枋唯檀木柞子木
兩者宜爲之他木無望焉其尖過斤斧而不過鉋盖欲
其澁不欲其滑懼報轉也撞木與受撞之尖皆以鐵圈
裹首懼披散也榨具已整理則取諸麻菜子入釜文火

慢炒凡柏桐之類屬樹木生者皆不炒而碾蒸透出香氣然後碾碎受蒸凡炒諸麻菜子宜鑄平底鍋深止六寸者投子仁于內翻拌最勤若釜底太深翻拌疎慢則火候交傷減喪油質炒鍋亦斜安竈上與蒸鍋大異凡碾埋槽土內木爲者以鐵片掩之其上以木竿銜鐵陀兩人對舉而推之資本廣者則砌石爲牛碾一牛之力可敵十人亦有不受碾而受磨者則棉子之類是也既碾而篩擇粗者再碾細者則入釜甑受蒸蒸氣騰足取出以稻稭與麥稭包果如餅形其餅外圈箍或用鐵打成或破篾絞刺而成與榨中則

寸相穩合凡油原因氣取有生于無出甑之時包果怠緩則水火鬱蒸之氣遊走爲此損油能者疾傾疾裹而疾箍之得油之多訣由于此榨工有自少至老而不知者包裹既定裝入榨中隨其量滿揮撞擠軋而流泉出焉矣包內油出滓存名曰枯餅凡胡麻萊菔芸薹諸餅皆重新碾碎篩去稭芒再蒸再果而再榨之初次得油二分二次得油一分若柏桐諸物則一榨已盡流出不必再也若水煑法則並用兩釜將蓖麻蘇麻子碾碎入一釜中注水滚煎其上浮沫即油以杓掠取傾于乾釜

內其下慢火熬乾水氣油即成矣然得油之數畢竟減殺北磨麻油法以粗麻布袋捩絞其法再詳

皮油

凡皮油造燭法起廣信郡其法取潔淨桕子囫圇入釜甑蒸蒸後傾于臼內受舂其臼深約尺五寸碓以石爲身不用鐵觜石取深山結而膩者輕重斲成限四十斤上嵌衡木之上而舂之其皮膜上油盡脫骨而紛落空起篩于盤內再蒸包果入榨皆同前法皮油已落盡其骨爲黑子用冷膩小石磨不懼火煆者此磨亦從信郡深山覓取以

紅火矢圍壅煆熱將黑子逐把灌入疾磨磨破之時風扇去其黑殼則其內完全白仁與梧桐子無異將此碾蒸包果入榨與前法同榨出水油清亮無比貯小盞之中獨根心草燃至天明盖諸清油所不及者入食饌即不傷人恐有忌者寧不用耳其皮油造燭截苦竹筒兩破水中煮漲不然則粘帶小篾箍勒定用鷹嘴鐵杓挽油灌入即成一枝插心于內頃刻凍結捋箍開筒而取之或削棍爲模裁紙一方捲于其上而成紙筒灌入亦成一燭此燭任置風塵中再經寒暑不敝壞也

南方榨

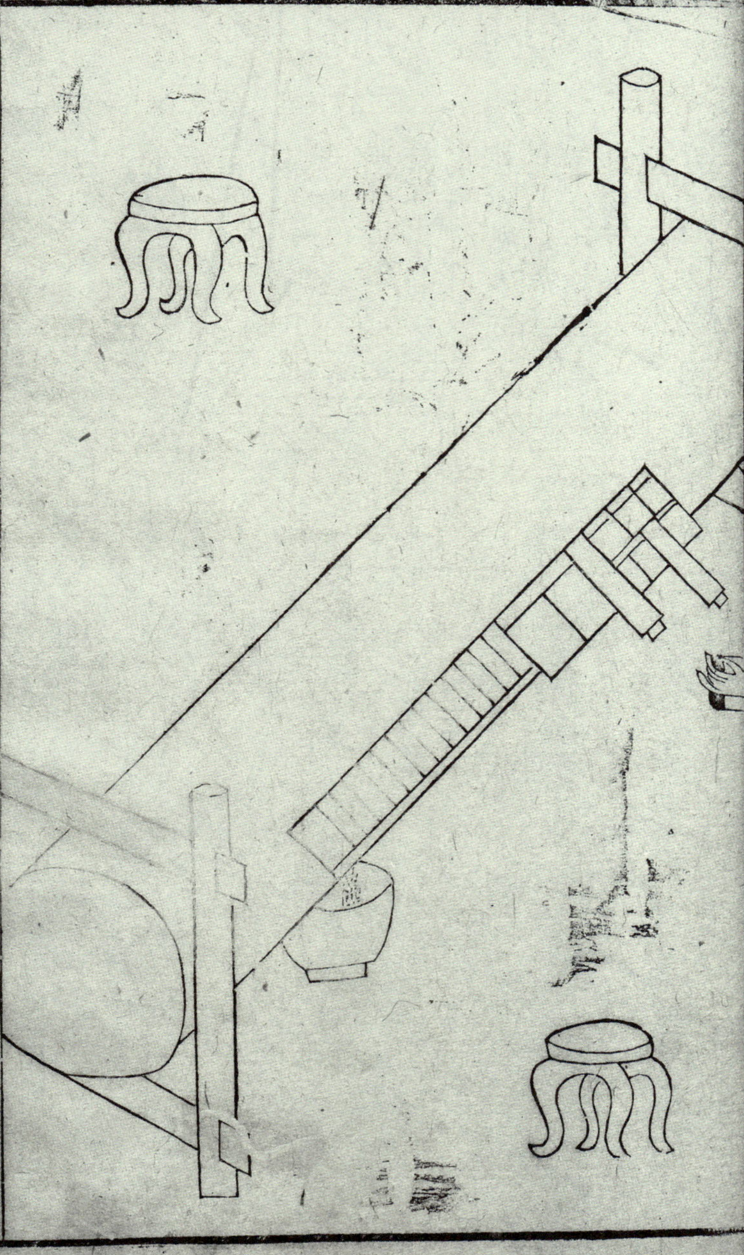

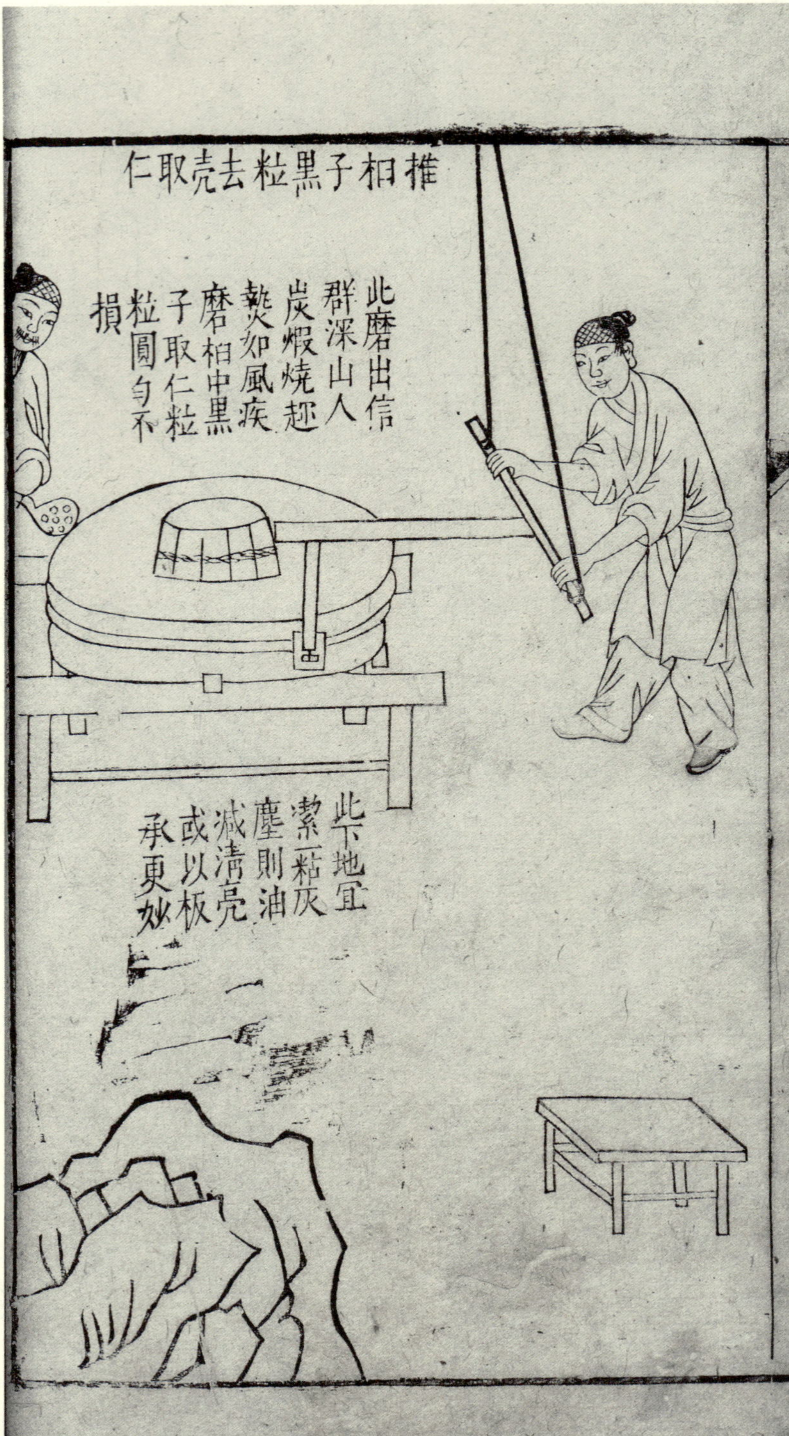
推柏子黑粒去壳取仁
此磨出信群深山人炭煆烧趂熱如風疾磨柏中黑子取仁粒粒圓匀不損
此下地宜潔一粘灰塵則油減清亮或以板承更妙

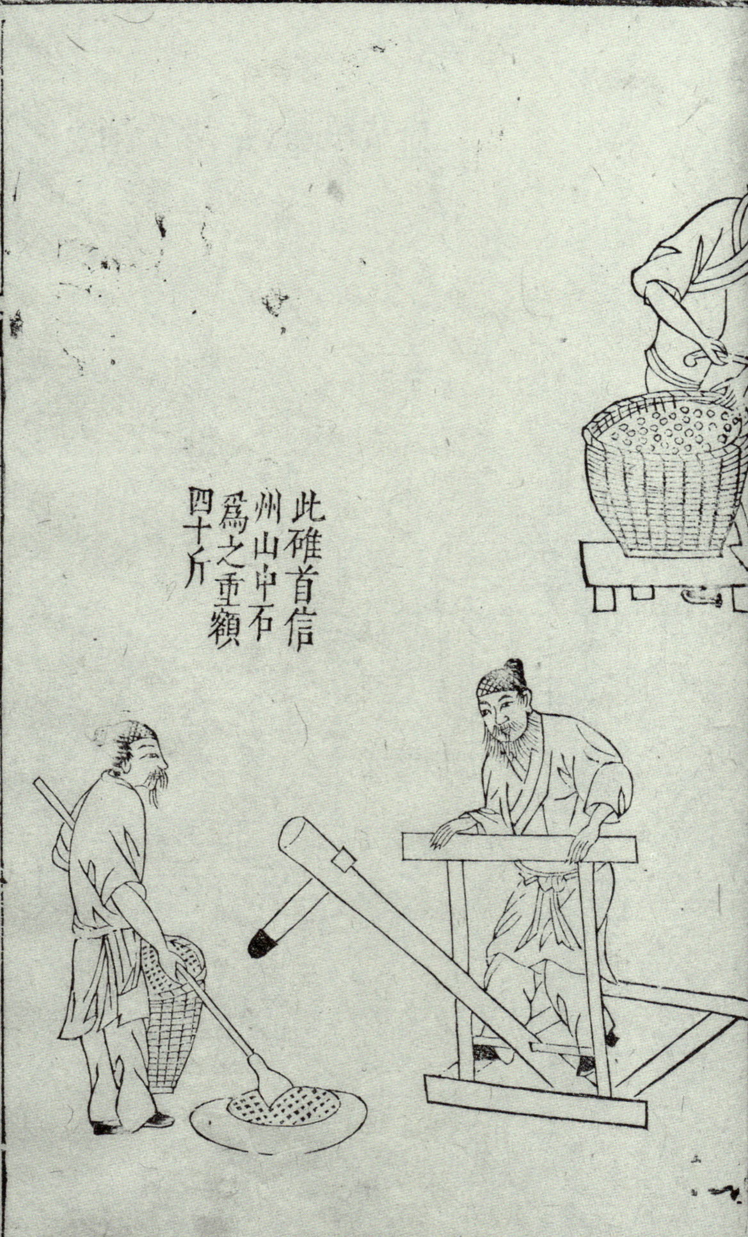
此碓首信
州山中石
爲之重額
四十斤

糟皮油及諸芸薹胡麻皆同
甑
此釜平底深不

殺青第十一卷

宋子曰物象精華乾坤微妙古傳今而華達夷使役起含生目授而心識之承載者以何物哉君與民通師將弟命馮藉呫呫口語其與幾何持寸符握半卷終事詮旨風行而冰釋焉覆載之間之藉有楮先生也聖頑咸嘉賴之矣身為竹骨與木皮殺其青而白乃見萬卷百家基從此起其精在此而其粗效于障風護物之間事已開于上古而使漢晉時人擅名記者何其陋哉

紙料

凡紙質用楮樹（一名穀樹）皮與桑穰芙蓉膜等諸物者爲皮紙用竹麻者爲竹紙精者極其潔白供書文印文柬啓用粗者爲火紙包果紙所謂殺青以斬竹得名汗青以煮瀝得名簡即已成紙名乃煮竹成簡後人遂疑削竹片以紀事而又誤疑韋編爲皮條穿竹札也秦火未經時書籍繁甚削竹能藏幾何如西番用貝樹造成紙葉中華又疑以貝葉書經典不知樹葉離根即焦與削竹同一可哂也

造竹紙

凡造竹紙事出南方而閩省獨專其盛當筍生之後看視山窩深淺其竹以將生枝葉者爲上料節界芒種則登山砍伐截斷五七尺長就于本山開塘一口注水其中漂浸恐塘水有涸時則用竹梘通引不斷瀑流注入浸至百日之外加功槌洗洗去粗殼與青皮是名殺青其中竹穰形同苎麻樣用上好石灰化汁塗漿入楻桶下煑火以八日八夜爲率凡煑竹下鍋用徑一一尺者鍋上泥與石灰捏弦高濶如廣中煑鹽牢盆樣中可載水十餘石上盖楻桶其圍丈五尺其徑四尺餘盖定受煑八日

巳足歇火一日揭楻取出竹麻入清水漂塘之內洗淨其塘底面四維皆用木板合縫砌完以妨泥汚造粗紙者不須為此洗淨用柴灰漿過再入釜中其上按平平鋪稻草灰寸許桶內水滚沸即取出別桶之中仍以灰汁淋下倘水冷燒滚再淋如是十餘日自然臭爛取出入臼受舂山國皆有水碓舂至形同泥麪傾入槽內凡抄紙槽上合方斗尺寸濶狹槽視簾簾視紙竹麻巳成槽內清水浸浮其面三寸許入紙藥水汁于其中形同桃竹葉方語無定名則水乾自成潔白凡抄紙簾用刮磨絕細竹絲編成展卷張開時

下有縱橫架匡兩手持簾入水蕩起竹麻入于簾內厚薄由人手法輕蕩則薄重蕩則厚竹料浮簾之頃水從四際淋下槽內然後覆簾落紙于板上疊積千萬張數滿則上以板壓俏繩入棍如榨酒法使水氣淨盡流乾然後以輕細銅鑷逐張揭起焙乾凡焙紙先以土磚砌成夾巷下以磚蓋巷地面數塊以往即空一磚火薪從頭穴燒發火氣從磚隙透巷外磚盡熱溼紙逐張貼上焙乾揭起成帙近世濶幅者名大四連一時書文貴重其廢紙洗去朱墨汙穢浸爛入槽再造全省從前煑浸

之力依然成紙耗亦不多南方竹賤之國不以爲然北方即寸條片角在地隨手拾取再造名曰還魂紙竹與皮精與粗皆同之也若火紙糙紙斬竹煮麻灰漿水淋皆同前法唯脫簾之後不用烘焙壓水去濕日曬成乾而已盛唐時鬼神事繁以紙錢代焚帛（北方用切條名曰板錢）故造此者名曰火紙荆楚近俗有一焚侈至千斤者此紙十七供冥燒十三供日用其最粗而厚者名曰包果紙則竹麻和宿田晚稻藁所爲也若鉛山諸邑所造柬紙則全用細竹料厚質蕩成以射重價最上者曰官柬富

貴之家通剌用之其紙敦厚而無筋膜染紅爲吉柬則先以白礬水染過後上紅花汁云

造皮紙

凡楮樹取皮于春末夏初剝取樹已老者就根伐去以土蓋之來年再長新條其皮更美凡皮紙楮皮六十斤仍入絕嫩竹蔴四十斤同塘漂浸同用石灰漿塗入釜煮糜近法省嗇者皮竹十七而外或入宿田稻藁十三用藥得方仍成潔白凡皮料堅固紙其縱文扯斷如綿絲故曰綿紙衡斷且費力其最上一等供用大內糊窓

格者曰櫺紗紙此紙自廣信郡造長過七尺濶過四尺
五色顏料先滴色汁槽內和成不由後染其次曰連四
紙連四中最白者曰紅上紙皮名而竹與稻藁參和而
成料者曰揭帖呈文紙芙蓉等皮造者統曰小皮紙在
江西則曰中夾紙河南所造未詳何草木爲質北供帝
京產亦甚廣又桑皮造者曰桑穰紙極其敦厚東浙所
產三吳收蠶種者必用之凡糊雨傘與油扇皆用小皮
紙凡造皮紙長濶者其盛水槽甚寬巨簾非一人手力
所勝兩人對舉蕩成若櫺紗則數人方勝其任凡皮紙

供用畫幅先用礬水蕩過則毛茨不起紙以逼簾者爲正面蓋料即成泥浮其上者粗意猶存也朝鮮白硾紙不知用何質料倭國有造紙不用簾抄者煮料成糜時以巨闊青石覆于炕面其下爇火使石發燒然後用糊刷蘸糜薄刷石面居然頃刻成紙一張一揭而起其朝鮮用此法與否不可得知中國有用此法者亦不可得知也永嘉蠲糨紙亦桑穰造四川薛濤牋亦芙蓉皮爲料煮糜入芙蓉花末汁或當時薛濤所指遂留名至今其美在色不在質料也

斬竹漂塘

煮楻足火

蕩料入簾

覆簾壓紙

透火焙乾

天工開物卷之下

五金第十四卷

宋子曰人有十等自王公至于輿臺缺一焉而人紀不立矣大地生五金以利用天下與後世其義亦猶是也貴者千里一生促亦五六百里而生賤者舟車稍艱之國其土必廣生焉黄金美者其値去黒鐵一萬六千倍然使釜鬵斤斧不呈效于日用之間即得黄金直高而無民耳貿遷有無貨居周官泉府萬物司命繫焉其分别美惡而指點重輕孰開其先而使相須于不朽焉

黃金

凡黃金爲五金之長鎔化成形之後住世永無變更白銀入洪爐雖無折耗但火候足時鼓鞴而金花閃爍一現即没再鼓則沉而不現惟黃金則竭力鼓鞴一扇一花愈烈愈現其質所以貴也凡中國產金之區大約百餘處難以枚舉山石中所出大者名馬蹄金中者名橄欖金帶胯金小者名瓜子金水沙中所出大者名狗頭金小者名麩麥金糠金平地掘井得者名麪沙金大者名豆粒金皆待先淘洗後冶煉而成顆塊金多出西南

取者穴山至十餘丈見伴金石即可見金其石褐色一頭如火燒黑狀水金多者出雲南金沙江（古名麗水）此水源出吐蕃遶流麗江府至于北勝州迴環五百餘里出金者有數截又川北潼川等州邑與湖廣沅陵溆浦等皆于江沙水中淘汰取金千百中間有獲狗頭金一塊者名曰金母其餘皆麩麥形入冶煎煉初出色淺黃再鍊而後轉赤也儋崖有金田金雜沙土之中不必深求而得取太頻則不復產經年淘煉若有則限然嶺南夷獠洞穴中金初出如黑鐵落深空數丈得之黑焦石下初

得時咬之柔軟夫匠有吞竊腹中者亦不傷人河南蔡鞏等州邑江西樂平新建等邑皆平地堀深井取細沙淘煉成但酬答人功所獲亦無幾耳大抵赤縣之內隔千里而一生嶺表録云居民有從鵞鴨屎中淘出片屑者或日得一兩或空無所獲此恐妄記也凡金質至重每銅方寸重一兩者銀照依其則寸增重三錢銀方寸重一兩者金照依其則寸增重二錢凡金性又柔可屈折如枝柳其高下色分七青八黄九紫十赤登試金石上（此石廣信郡河中甚多大者如斗小者如拳入鵞湯中煮光黑如漆）立見分明凡足色

金參和僞售者唯銀可入餘物無望焉欲去銀存金則將其金打成薄片剪碎每塊以土泥果塗入坩鍋中鵬砂鎔化其銀卽吸入土內讓金流出以成足色然後入鉛少許另入坩鍋內勾出土內銀亦毫釐具在也凡色至于金爲人間華美貴重故人工成箔而後施之凡金箔每金七釐造方寸金一千片粘鋪物面可盖縱横三尺凡造金箔旣成薄片後包入烏金紙內竭力揮推打成（打金推短柄約重捌觔）凡烏金紙由蘇杭造成其紙用東海巨竹膜爲質用豆油點燈閉塞周圍止留針孔通氣薰染

烟先而成此紙每紙一張打金箔五十度然後弃去爲藥鋪包朱用尚未破損盖人巧造成異物也凡紙内打成箔後先用硝熟猫皮繃急爲小方板又鋪線香灰撒墁皮上取出烏金紙内箔覆于其上鈍刀界畫成方寸口中屛息手執輕杖唾濕而挑起夾于小紙之中以之華物先以熟漆布地然後粘貼（貼字者多用楮樹漿）秦中造皮金者硝擴羊皮使最薄貼金其上以便剪裁服飾用皆煌煌至色存焉凡金箔粘物他日敝弃之時刮削火化其金仍藏灰内滴清油數點伴落聚底淘洗入爐毫釐無

恙凡假借金色者杭扇以銀箔爲質紅花子油刷盖向火薰成廣南貨物以蟬蛻殼調水描畫向火一微炙而就非眞金色也其金成器物呈分淺淡者以黄礬塗染炭火炸炙即成赤寶色然風塵逐漸淡去見火又即還原耳黄礬詳燔石卷

銀

凡銀中國所出浙江福建舊有坑場國初或採或閉江西饒信瑞三郡有坑從未開湖廣則出辰州貴州則出銅仁河南則宜陽趙保山永寧秋樹坡盧氏高觜兒嵩

縣馬槽山與四川會川密勒山甘肅大黃山等皆稱美礦其他難以枚舉然生氣有限每逢開採數不足則括派以賠償法不嚴則竊爭而釀亂故禁戒不得不苛燕齊諸道則地氣寒而石骨薄不產金銀然合八省所生不敵雲南之半故開礦煎銀唯滇中可永行也凡雲南銀礦楚雄永昌大理爲最盛曲靖姚安次之鎮沅又次之凡石山硐中有鉚砂其上現磊然小石微帶褐色者分丫成徑路採者穴土十丈或二十丈工程不可日月計尋見土內銀苗然後得礁砂所在凡礁砂藏深土如

枝分派别各人隨苗分徑横空而尋之上楮横板架頂以防崩壓採工篝燈逐徑施钁得礦方止凡土内銀苗或有黄色碎石或土隙石縫有亂絲形狀此即去礦不遠矣凡成銀者曰礁至碎者曰砂其面分丫若枝形者曰鉚其外包環石塊曰礦礦石大者如斗小者如拳爲棄置無用物其礁砂形如煤炭底襯石而不甚黑其高下有數等商民鑿穴得砂先呈官府驗辨然後定稅出土以斗量付與冶工高者六七兩一斗中者三四兩最下一二兩其礁砂放光甚者精華洩漏得銀偏少凡礁砂入爐先行揀净淘洗其爐土築巨墩

高五尺許底鋪瓷屑炭灰每爐受礁砂二石用栗木炭二百斤周遭叢架靠爐砌磚墻一朶高濶皆丈餘風箱安置墻背合兩三人力帶拽透管通風用牆以抵炎熱鼓鞴之人方克安身炭盡之時以長鐵叉添入風火力到礁砂鎔化成團此時銀隱鉛中尚未出脫計礁砂二石鎔出團約重百觔冷定取出另入分金爐一名蝦蟇爐內用松木炭匝圍透一門以辨火色其爐或施風箱或使交箑火熱功到鉛沉下爲底子（其底已成陀僧樣別入炉煉又成扁擔鉛）頻以柳枝從門隙入內燃照鉛氣淨盡則世寶凝然

成象矣此初出銀亦名生銀傾定無絲紋即再經一火當中止現一點圓星滇人名曰茶經逮後入銅少許重以鉛力鎔化然後入槽成絲（絲必傾槽而現以四圍匡住寶氣不横溢走散）其楚雄所出又異彼硐砂鉛氣甚少向諸郡購鉛佐煉每礁百斤先坐鉛二百斤于爐內然後煽煉成團其再入蝦蟇炉沉鉛結銀則同法也此世寶所生更無别出方書本草無端妄想妄註可厭之甚大抵坤元精氣出金之所三百里無銀出銀之所三百里無金造物之情亦大可見其賤役掃刷泥塵入水漂淘而煎者名曰淘厘

鍋一日功勞輕者所獲三分重者倍之其銀俱日用剪斧口中委餘或鞻底粘帶布于衢市或院宇掃屑棄于河沿其中必有焉非淺浮土面能生此物也凡銀爲世用惟紅銅與鉛兩物可雜入成僞然當其合瑣碎而成鈒錠去疵僞而造精純高爐火中坩鍋足煉撒硝少許而銅鉛盡滯鍋底名曰銀銹其灰池中敲落者名曰炉底將銹與底同入分金炉内填火土甑之中其鉛先化就低溢流而銅與粘帶餘銀用鐵條逼就分撥井然不㮣人工天工亦見一斑云炉式併具于左

附硃砂銀

凡虚僞方士以炉火惑人者唯硃砂銀愚人易惑其法以投鉛硃砂與白銀等分入礶封固温養三七日後砂盜銀氣煎成至寶揀出其銀形存神喪塊然枯物入鉛煎時逐火輕折再經數火毫忽無存折去砂價炭資愚者貪惑猶不解併志于此

銅

凡銅供世用出山與出炉止有赤銅以炉甘石或倭鉛參和轉色爲黄銅以砒霜等藥制煉爲白銅礬硝等藥

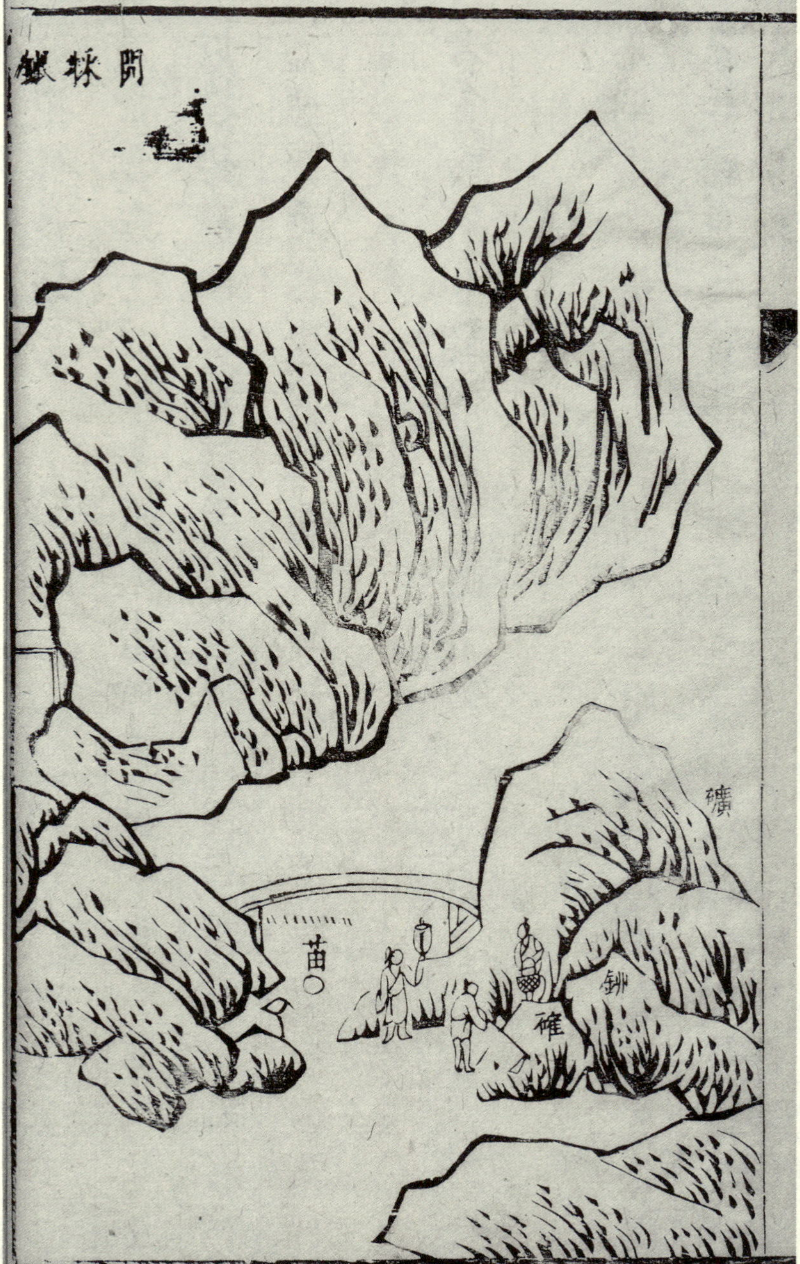

開採鑛

礦圖

鉻礁結銀與鉛圖

沉鉛結

銀圖

分金爐清銹底

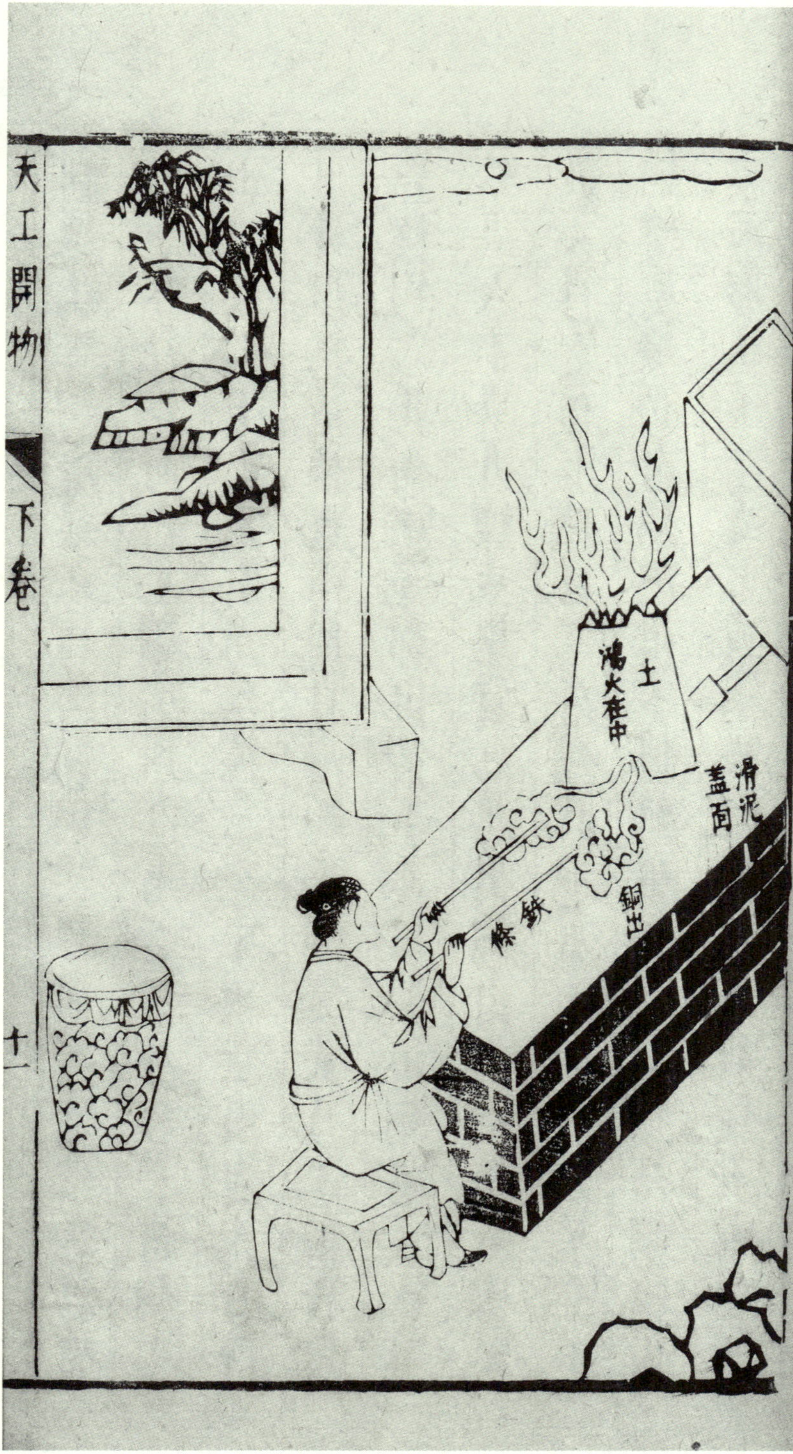
天工開物
下卷
十一
土
鴻火在中
滑泥蓋面
銅出
鉄條

制煉為青銅廣錫參和為響銅倭鉛和寫為鑄銅初質則一味紅銅而已凡銅坑所在有之山海經言出銅之山四百三十七或有所攷據也今中國供用者西自四川貴州為最盛東南間自海舶來湖廣武昌江西廣信皆饒銅穴其衡瑞等郡出最下品曰蒙山銅者或入冶鑄混入不堪升煉成堅質也凡出銅山夾土帶石穴鑿數丈得之仍有礦包其外礦狀如薑石而有銅星亦名銅璞煎煉仍有銅流出不似銀礦之為棄物凡銅砂在礦內形狀不一或大或小或光或暗或如鍮石或如薑

鐵淘洗去土滓然後入炉煎煉其熏蒸傍溢者爲自然銅亦曰石髓鉛凡銅質有數種有全體皆銅不夾鉛銀者洪炉單煉而成有與鉛同體者其煎煉炉法傍通高低二孔鉛質先化從上孔流出銅質後化從下孔流出東夷銅又有托體銀礦內者入炉煉時銀結于面銅沉于下商舶漂入中國名曰日本銅其形爲方長板條漳郡人得之有以炉再煉取出零銀然後寫成薄餅如川銅一樣貨賣者凡紅銅升黃色爲錘鍛用者用自風煤炭

此煤碎如粉泥糊作餅不用鼓風通紅則自晝達夜江西則產袁郡及新喻邑百斤灼于炉內

以泥罐截銅十斤繼入炉丼石六斤坐于炉內自然鎔化後人因炉丼石烟洪飛損改用倭鉛每紅銅六斤入倭鉛四斤先後入罐鎔化冷定取出即成黃銅唯人打造凡用銅造響器用出山廣錫無鉛氣者入內鉦（今名鑼）鐲（今名銅鼓）之類皆紅銅八斤入廣錫二斤鐃鈸銅與錫更加精煉凡鑄器低者紅銅倭鉛均平分兩甚至鉛六銅四高者名三火黃銅四火熟銅則銅七而鉛三也凡造低偽銀者唯本色紅銅可入一受倭鉛砒礬等氣則永不和合然銅入銀內使白質頓成紅色洪炉再鼓則

濤濁浮沉立分至于凈盡云

附倭鉛

凡倭鉛古書本無之乃近世所立名色其質用爐甘石熬煉而成繁産山西太行山一帶而荆衡爲次之每炉甘石十觔裝載入一泥礶內封果泥固以漸砑乾勿使見火拆裂然後逐層用煤炭餅墊盛其底鋪薪發火煆紅礶中炉甘石鎔化成團冷定毀礶取出每十耗去其二卽倭鉛也此物無銅収伏入火卽成烟飛去以其似鉛而性猛故名之曰倭云

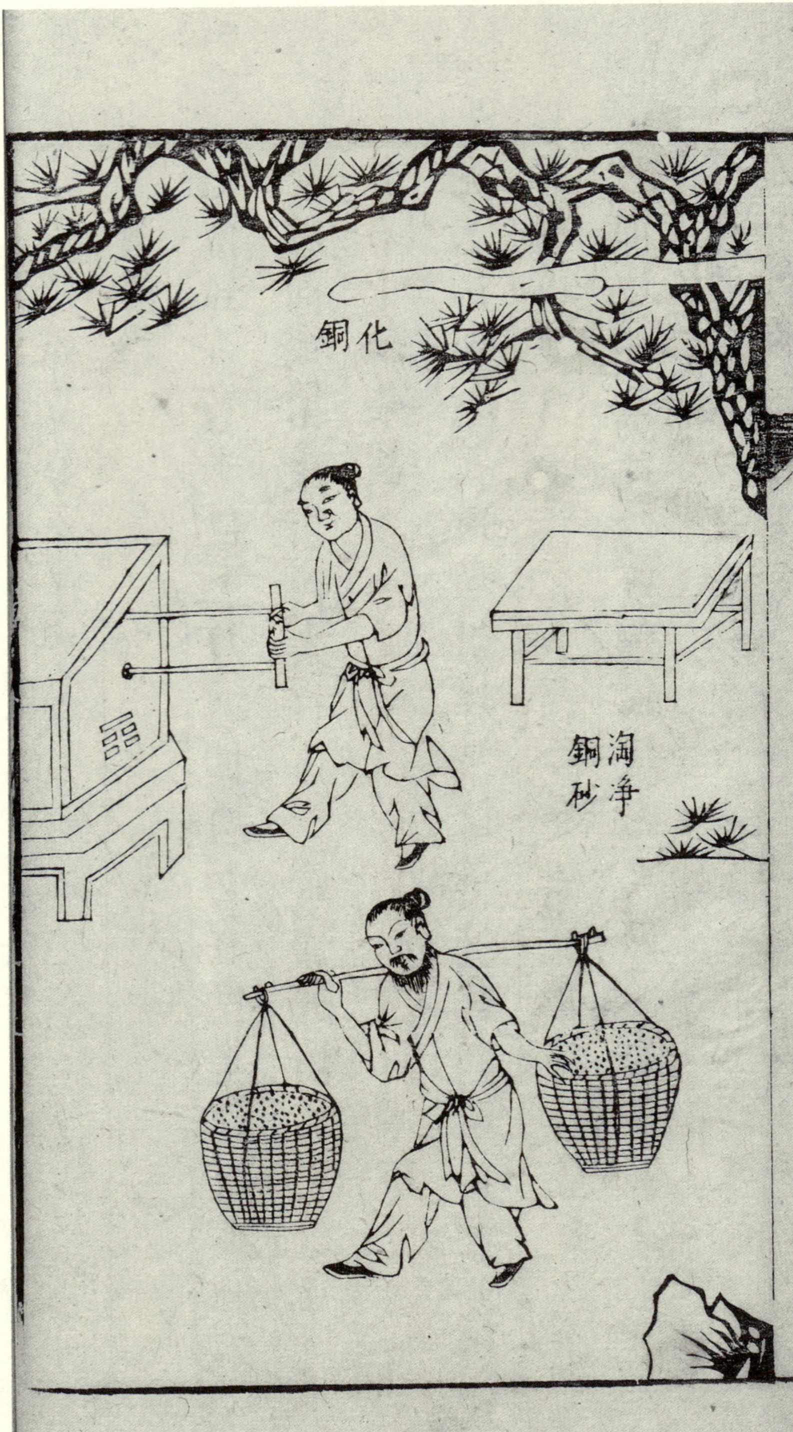
化銅
淘净銅砂

鉛
銅

升煉倭鉛

穴取銅鉛

鐵

凡鐵場所在有之其質淺浮土面不生深穴繁生平陽岡埠不生峻嶺高山質有土錠碎砂數種凡土錠鐵土面浮出黑塊形似稱錘遥望宛然如鐵撚之則碎土若起冶煎煉浮者拾之又乘雨濕之後牛耕起土拾其數寸土內者耕墾之後其塊逐日生長愈用不窮西北甘肅東南泉郡皆錠鐵之藪也燕京遵化與山西平陽則皆砂鐵之藪也凡砂鐵一抛土膜即現其形取來淘洗入炉煎煉鎔化之後與錠鐵無二也凡鐵分生熟出爐

未炒則生既炒則熟生熟相和煉成則鋼凡鐵爐用鹽做造和泥砌成其爐多傍山穴爲之或用巨木匡圍塑造鹽泥窮月之力不容造次鹽泥有罅盡棄全功凡鐵一爐載土二千餘斤或用硬木柴或用煤炭或用木炭南北各從利便扇爐風箱必用四人六人帶拽土化成鐵之後從爐腰孔流出爐孔先用泥塞每旦晝六時一時出鐵一陀既出即叉泥塞鼓風再鎔凡造生鐵爲冶鑄用者就此流成長條圓塊範內取用若造熟鐵則生鐵流出時相連數尺內低下數寸築一方塘短墻抵之

其鐵流入塘內數人執持柳木棍排立墻上先以汚潮泥晒乾舂篩細羅如麵一人疾手撒攙衆人柳棍疾攪即時炒成熟鐵其柳棍毎炒一次燒折二三寸再用則又更之炒過稍冷之時或有就塘內斬劃成方塊者或有提出揮椎打圓後貨者若瀏陽諸冶不知出此也凡鋼鐵煉法用熟鐵打成薄片如指頭闊長寸半許以鐵片束包尖緊生鐵安置其上廣南生鐵名墮子生鋼者妙甚又用破草履蓋其上粘帶泥土者故不速化泥塗其底下洪爐鼓鞴火力到時生鋼先化滲淋熟鐵之中兩情投合取出加鍾再煉

冉鍾不一而足俗名團鋼亦曰灌鋼者是也其倭夷刀劍有百煉精純置日光簷下則滿室輝曜者不用生熟相和煉又名此鋼爲下乘云夷人又有以地溲淬刀劍者（地溲乃石腦油之類不產中國）云鋼可切玉亦未之見也凡鐵內有礦處不可打者名鐵核以香油塗之卽散凡產鐵之陰其陽出慈石第有數處不盡然也

錫

凡錫中國偏出西南郡邑東北寡生古書名錫爲賀者以臨賀郡產錫最盛而得名也今衣被天下者獨廣西

墾土拾錠

淘洗鐵砂

生熟煉
此管流出成生鐵
墮子鋼

鐵炉
撒潮泥灰
流入方塘
板生鐵

南丹河池二州居其十八衡永則次之大理楚雄即産錫甚盛道遠難致也凡錫有山錫水錫兩種山錫中又有錫瓜錫砂兩種錫瓜塊大如小瓠錫砂如豆粒皆穴土不甚深而得之間或土中生脉充牣致山土自頽恣人拾取者水錫衡永出溪中廣西則出南丹州河内其質黑色粉碎如重羅麪南丹河出者居民旬前從南淘至北旬後又從北淘至南愈經淘取其砂日長百年不竭但一日功勞淘取煎錬不過一斤會計炉炭資本所獲不多也南丹山錫出山之隂其方無水淘洗則接連

百竹爲梘從山陽梘水淘洗土滓然後入炉凡煉煎亦用洪炉入砂數百斤叢架木炭亦數百斤鼓鞴鎔化火力已到砂不即鎔用鉛少許勾引方始沛然流注或有用人家炒錫剩灰勾引者其炉底炭末瓷灰鋪作平池傍安鐵管小槽道鎔時流出炉外低池其質初出潔白然過剛承錘即拆裂入鉛制柔方充造器用售者雜鉛太多欲取净則鎔化入醋淬八九度鉛盡化灰而去出錫唯此道方書云馬齒莧取草錫者妄言也謂砒爲錫苗者亦妄言也

河池山錫
水槻

南丹水錫

煉錫炉
點鉛勾錫
流入鐵盤

鉛

凡産鉛山穴繁于銅錫其質有三種一出銀礦白銀初煉和銀成團再煉脫銀沉底曰銀礦鉛此鉛雲南爲盛一出銅礦中入洪爐煉化鉛先出銅後隨曰銅山鉛此鉛貴州爲盛一出單生鉛穴取者穴山石挾油燈尋脉曲折如採銀鉚取出淘洗煎鍊名曰草節鉛此鉛蜀中嘉利等州爲盛其餘雅州出釣腳鉛形如皂莢子又如蝌斗子生山澗沙中廣信郡上饒饒郡樂平出襍銅鉛劍州出陰平鉛難以枚舉凡銀鉚中鉛煉鉛成

底鍊底復成鉛草節鉛罩入洪爐𤍠煉爐傍通管注入長條土槽内俗名扁担鉛亦曰出山鉛所以別于凡銀爐内頻經𤍠煉者凡鉛物值雖賤變化殊奇白粉黄丹皆其顯像操銀底于精純勾錫成其柔軟皆鉛力也

附胡粉

凡造胡粉每鉛百斤鎔化削成薄片卷作筒安木甑内甑下甑中各安醋一瓶外以鹽泥固濟紙糊甑縫安火四兩養之七日期足啓開鉛片皆生霜粉掃入水缸内未生霜者入甑依舊再養七日再掃以質盡爲度其不

盡者留作黃丹料每掃下霜一斤入豆粉二兩蛤粉四兩缸內攪勻澄去清水用細灰按成溝紙隔數層置粉于上將乾截成瓦定形或如磊塊待乾收貨此物古因辰部諸郡專造故曰韶粉（俗誤朝粉）今則各省直饒爲之矣其質入丹青則白不減查婦人頰能使本色轉青胡粉投入炭炉中仍還鎔化爲鉛所謂色盡歸皂者

附黃丹

凡炒鉛丹用鉛一斤土硫黃十兩硝石一兩鎔鉛成汁下醋點之滚沸時下硫一塊少頃入硝少許沸定再點

醋傢前漸下硝黄待爲末則成丹矣其胡粉殘剩者用
硝石礬石炒成丹不復用錯也欲丹還鉛用蔥白汁拌
黄丹慢炒金汁出時傾出即還鉛矣

佳兵第十五卷

宋子曰兵非聖人之得已也虞舜在位五十載而有苗猶弗率明王聖帝誰能去兵哉弧矢之利以威天下其來尚矣爲老氏者有葛天之思焉其詞有曰佳兵者不祥之器蓋言愼也火藥機械之竅其先鑿自西番與南裔而後乃及于中國變幻百出日盛月新中國至今日則卽戎者以爲第一義豈其然哉雖然生人縱有巧思烏能至此極也

弧矢

凡造弓以竹與牛角爲正中幹質（東北夷無竹以桑木爲之）桑枝木爲兩稍弛則竹爲內體角護其外張則角向內而竹居外竹一條而角兩接桑弰則其末刻鍥以受弦彄其本則貫插接筍于竹丫而光削一面以貼角凡造弓先削竹一片（竹宜秋冬伐春夏則朽蛀）中腰微亞小兩頭差大約長二尺許一面粘膠靠角一面鋪置牛筋與膠而固之牛角當中牙接（北虜無修長牛角則以羊角四接而束之廣弓則黃牛明角亦用不獨水牛也）固以筋膠膠外固以樺皮名曰煖靶凡樺木關外產遼陽北土繁生遵化西陲繁生臨洮郡閩廣浙亦皆有之其皮護

物手握如軟綿故弓靶所必用即刀柄與槍干亦需用之其最薄者則爲刀劍鞘室也凡牛脊梁每隻生筋一方條約重三十兩殺取晒乾復浸水中析破如苧麻絲胡虜無蠶絲弓弦處皆糾合此物爲之中華則以之鋪護弓幹與爲棉花彈弓弦也凡膠乃魚脬雜腸所爲煎治多屬寧國郡其東海石首魚浙中以造白鮝者取其脬爲膠堅固過于金鐵北虜取海魚脬煎成堅固與中華無異種性則別也天生數物缺一而良弓不成非偶然也凡造弓初成坯後安置室中梁閣上地面勿離火

意促者旬日多者兩月透乾其津液然後取下磨光重加筋膠與漆則其弓良甚貨弓之家不能俟日足者則他日解釋之患因之凡弓弦取食柘葉蠶繭其絲更堅韌每條用絲綫二十餘根作骨然後用綫橫纏緊約纏絲分三停隔七寸許則空一二分不纏故弦不張弓時可搨疊三曲而收之往者北虜弓弦盡以牛筋爲質故夏月雨霧妨其解脫不相侵犯今則絲弦亦廣有之塗弦或用黃蠟或不用亦無害也凡弓兩弰繫彄處或切最厚牛皮或削柔木如小棊子釘粘角端名曰墊弦義

同槧軫放弦歸返時雄力向内得此而抗止不然則受損也凡造弓視人力强弱爲輕重上力挽一百二十斤過此則爲虎力亦不數出中力減十之二三下力及其半彀满之時皆能中的但戰陣之上洞胸徹札功必歸于挽强者而下力倘能穿楊貫虱則以巧勝也凡試弓力以足踏弦就地稱鈎搭掛弓腰弦满之時推移稱錘所壓則知多少其初造料分兩則上力挽强者角與竹片削就時約重七兩筋與膠漆與纏約絲繩約重八錢此其大畧中力減十之一二下力減十之二三也凡成

弓藏時最嫌霉濕（霉氣先南後北，嶺南穀雨時，江南小滿，江北六月，燕齊七月。然淮揚霉氣獨盛）將士家或置烘廚烘箱，日以炭火置其下（春秋霧雨皆然，不但霉氣）小卒無烘廚，則安頓竈突之上，稍怠不勤，立受朽解之患也（近歲命南方諸省造弓解北，紛紛駁回，不知離火即壞之故，亦無人陳說本章者）

凡箭笴，中國南方竹質，北方萑柳質，北虜樺質，隨方不一。竿長二尺，鏃長一寸，其大端也。凡竹箭，削竹四條或三條，以膠粘合，過刀光削而圓成之，漆絲纏約兩頭，名曰三不齊箭桿。浙與廣南有生成箭竹不破合者。柳與樺桿，則取彼圓直枝條而爲之，微費刮削而成也。凡竹箭其體自直，不用矯揉。木桿則燥時必曲，削造時以數寸之木刻槽一條，名曰箭端。將木桿逐寸戛拖而過，其身乃直。即首尾輕重，亦由過端而均停也。凡箭其本刻銜口以駕弦，其末受鏃。凡鏃冶鐵爲之（禹貢砮石乃北方物，不適用）。北虜制如桃葉鎗尖，廣南黎人矢鏃如平面鐵鏟，中國則三稜錐象也。響箭則以寸木空中錐眼爲竅，矢過招風而飛鳴，即莊子所謂嚆矢也。凡箭行端斜與疾慢，竅妙皆係本端翎羽之上。箭本近銜處剪翎直貼三條，其長三寸，鼎足安頓，粘以膠，名曰箭羽（此膠亦忌霉濕，故將卒勤者箭亦時以火烘羽以鵰膀爲上鵰似鷹而大尾長翅短角鷹次之鴟鴞又次之南方造箭者鵰無望焉即鷹鴞亦難得之貨急用塞數即以雁翎甚至鵝翎亦爲之矣凡雕翎箭行疾過鷹鴞翎十餘步而端正能抗風吹北虜羽箭多出此料鷹鴞翎作法精工亦恍惚焉若鵝雁之質則釋放之時手不應心而遇風斜竄者多矣南箭不及北由此分也

弩

凡弩爲守營兵器不利行陣直者名身衡者名翼弩牙發弦者名機斲木爲身約長二尺許身之首橫拴度翼

其空缺度翼處去面刻定一分稍厚則弦發不應節去背則不論
分數面上微刻直槽一條以盛箭其翼以柔木一條為
者名扁擔弩力最雄或一木之下加以竹片疊承其竹一片
短一片名三撐弩或五撐七撐而止身下截刻鍥銜弦其
銜傍活釘牙機上剔發弦上弦之時唯力是視一人以
腳踏強弩而弦者漢書名曰蹶張材官弦送矢行其疾
無與比數凡弩弦以苧麻為質纏繞以鵝翎塗以黃蠟
其弦上翼則謹放下仍鬆故鵝翎可扱首尾于繩內弩
箭羽以箬葉為之析破箭本銜于其中而纏約之其射

猛獸藥箭則用草烏一味熬成濃膠蘸染矢刃見血一縷則命即絶人畜同之凡弓箭强者行二百餘步弩箭最强者五十步而止即過咫尺不能穿魯縞矣然其行疾則十倍于弓而入物之深亦倍之國朝軍器造神臂弩克敵弩皆併發二矢三矢者又有諸葛弩其上刻直槽相承函十矢其翼取最柔木爲之另安機木隨手板弦而上發去一矢槽中又落下一矢則又扳木上弦而發機巧雖工然其力綿甚所及二十餘步而已此民家妨竊具非軍國器其山人射猛獸者名曰窩弩安頓交

跡之衞機傍引線俟獸過帶發而射之一發所獲一獸而已

干

凡干戈名最古干與戈相連得名者後世戰卒短兵馳騎者更用之盖右手執短刀則左手執干以蔽敵矢古者車戰之上則有專司執干併抵同人之受矢者若雙手執長戈與持戟槊則無所用之也凡干長不過三尺杞柳織成尺徑圈置于項下上出五寸亦銳其端下則輕竿可執若盾名中干所持以蔽矢并拒槊者俗所謂傍牌是也

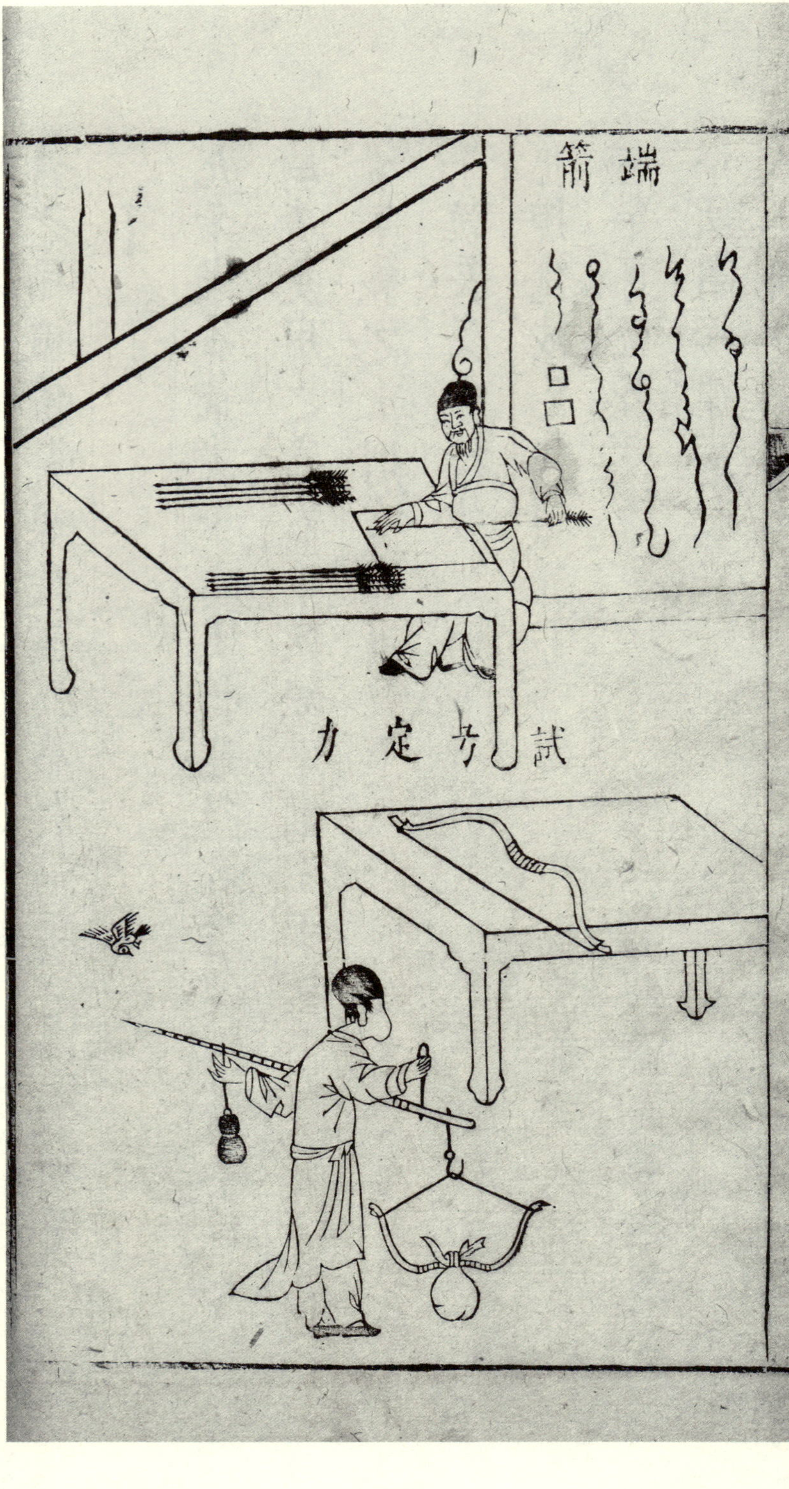
端箭
試弓定力

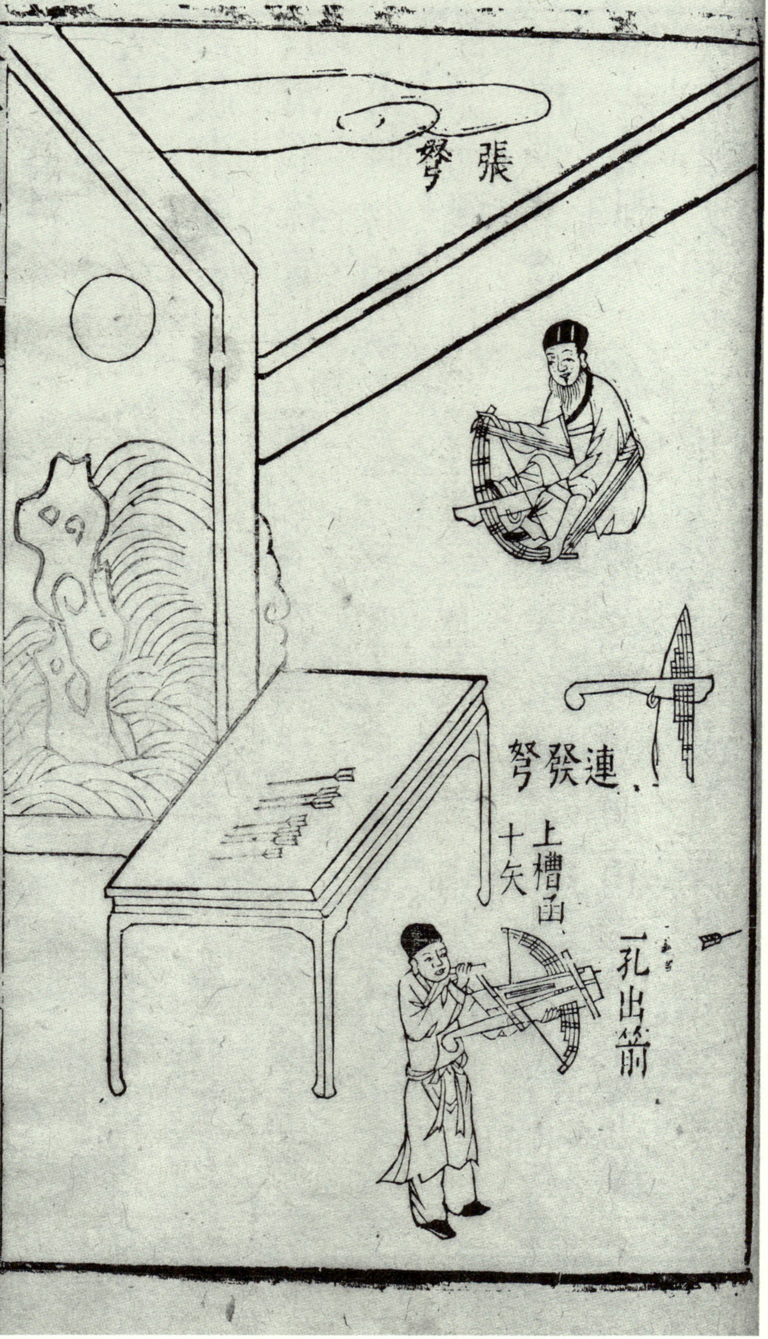
張弩
連發弩
上槽函十矢
一孔出箭

火藥料

火藥火器今時妄想進身博官者人人張目而道著書以獻未必盡由試驗然亦粗載數葉附于卷內凡火藥以消石硫黄爲主草木灰爲輔消性至陰硫性至陽陰陽兩神物相遇于無隙可容之中其出也人物膺之魂散驚而魄齏粉凡消性主直直擊者消九而硫一硫性主横爆擊者消七而硫三其佐使之灰則青楊枯杉樺根箬葉蜀葵毛竹根茄稭之類燒使存性而其中箬葉爲最燥也凡火攻有毒火神火法火爛火噴火毒火以

白砒礵砂爲君金汁銀銹人糞和製神火以硃砂雄黃雌黃爲君爛火以硼砂磁末牙皂秦椒配合飛火以硃砂石黃輕粉草烏巴豆配合刧營火則用桐油松香此其大畧其狼糞烟晝黑夜紅迎風直上與江豚灰能逆風而熾皆須試見而後詳之

消石

凡消華夷皆生中國則專產西北若東南販者不給官引則以爲私貨而罪之消質與鹽同母大地之下潮氣蒸成現于地面近水而土薄者成鹽近山而土厚者成

消以其入水卽消鎔故名曰消長淮以北節過中秋卽居室之中隔日掃地可取少許以供煎鍊凡消三所最多出蜀中者曰川消生山西者俗呼鹽消生山東者俗呼土消凡消刮掃取時（墻中亦或迸出）入缸内水浸一宿穢雜之物浮于面上掠取去時然後入釜注水煎鍊消化水乾傾于器内經過一宿卽結成消其上浮者曰芒消芒長者曰馬牙消（皆從方產本質幻出）其下猥雜者曰朴消欲去雜還純再入水煎鍊入萊菔數枚仝煮熟傾入盆中經宿結成白雪則呼盆消凡製火藥牙消盆消功用皆同凡

取消製藥少者用新瓦焙多者用土釜焙潮氣一乾即取研末凡研消不以鐵碾入石臼相激火生則禍不可測凡消配定何藥分兩入黃同研木灰則從後增入凡消既焙之後經久潮性復生使用巨砲多從臨期裝載也

硫黃 詳見燔石卷

凡硫黃配消而後火藥成聲北狄無黃之國空繁消產故中國有嚴禁凡燃砲撚消與木灰為引線黃不入內入黃即不透關凡碾黃難碎每黃一兩和消一錢同碾

則竝成微塵細末也

火器

西洋砲熟銅鑄就圓形若銅鼓引放時半里之內人馬受驚死平地藥引砲有關捩前行過坎方止點引之人反走墜入深坑內砲聲在高頭放者方不喪命

紅夷砲鑄鐵爲之身長丈許用以守城中藏鐵彈併火藥數斗飛激二里膺其鋒者爲虀粉凡砲藥引內灼時先往後坐千鈞力其位須墻抵住墻崩者其常

大將軍　二將軍即紅夷之次在中國爲巨物　佛郎機水戰舟頭用

三眼銃　百子連珠砲

地雷埋伏土中竹管通引衝土起擊其身從其炸裂所謂横擊用黄多者引線用礬油砲口覆以盆

混江龍漆固皮囊果砲沉于水底岸上帶索引機囊中懸弔火石火鐮索機一動其中自發敵舟行過遇之則敗然此終痴物也

鳥銃凡鳥銃長約三尺鐵管載藥嵌盛木棍之中以便手握凡錘鳥銃先以鐵挺一條大如筯者爲冷骨果紅鐵錘成先爲三接接口熾紅竭力撞合合後以四稜鋼錐如筯大者透轉其中使極光净則發藥無阻滯其本

近身處管亦大于末所以容受火藥每銃約載配消一錢二分鉛鐵彈子二錢發藥不用信引嶺南制度有用引者孔口通内處露消分厘提熟苧麻點火左手握銃對敵右手發鐵機逼苧火于消上則一發而去鳥雀遇于三十步内者羽肉皆粉碎五十步外方有完形若百步則銃力竭矣鳥鎗行遠過二百步制方彷彿鳥銃而身長藥多亦皆倍此也

萬人敵凡外郡小邑乘城却敵有砲力不具者即有空懸火砲而癡重難使者則萬人敵近制隨宜可用不必

拘執二方也蓋消黃火力所射千軍萬馬立時糜爛其法用宿乾空中泥團上留小眼築實消黃火藥參入毒火神火由人變通增損貫藥安信而後外以木架匡圍或有即用木桶而塑泥實其內郭者其義亦同若泥團必用木匡所以妨擲投先碎也敵攻城時燃灼引信拋擲城下火力出騰八面旋轉旋向內時則城墻抵住不傷我兵旋向外時則敵人馬皆無幸此爲守城第一器而能通火藥之性火器之方者聰明由人作者不上十年守土者留心可也

鳥銃

八面轉百子連珠砲

以尾旋動

精銅鑄長四尺中容法藥一升五合

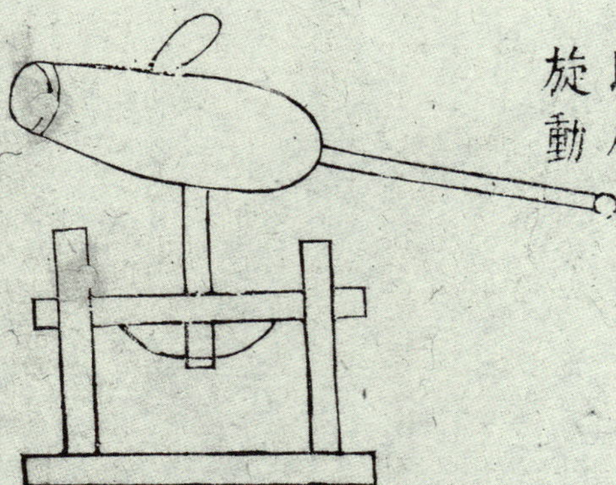

神烟砲

小砲先發毒霧

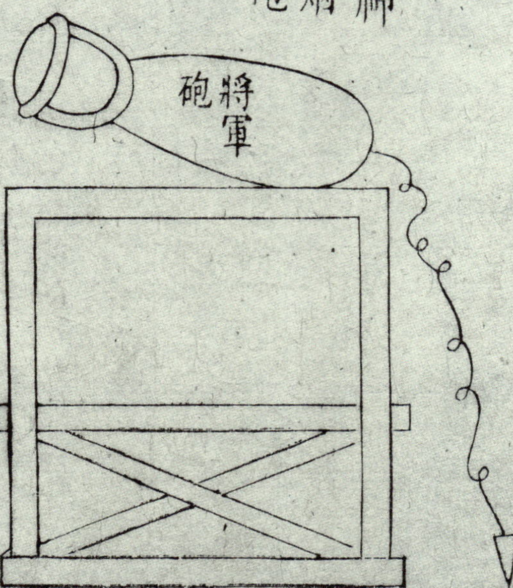

萬人敵

地雷

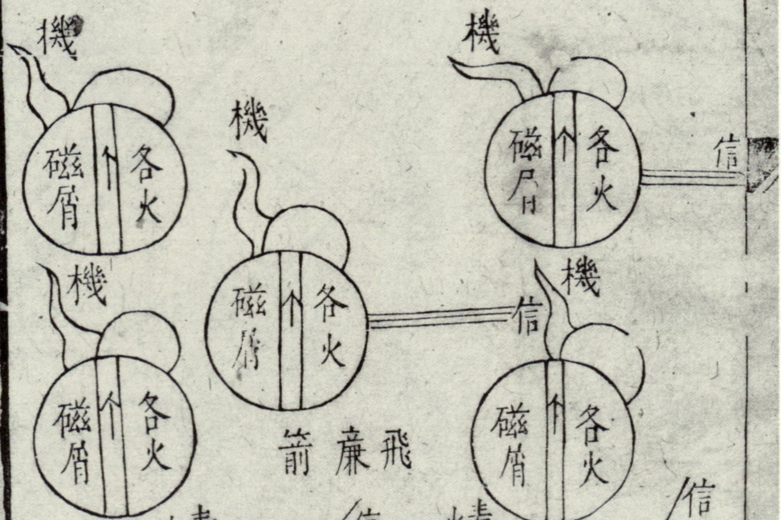

飛廉箭

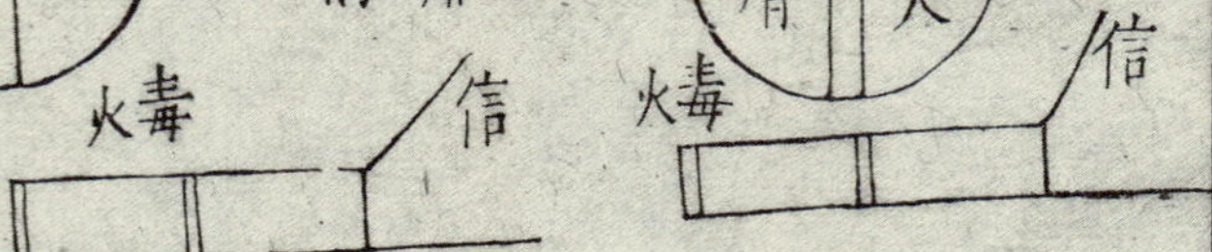

編竹爲篷

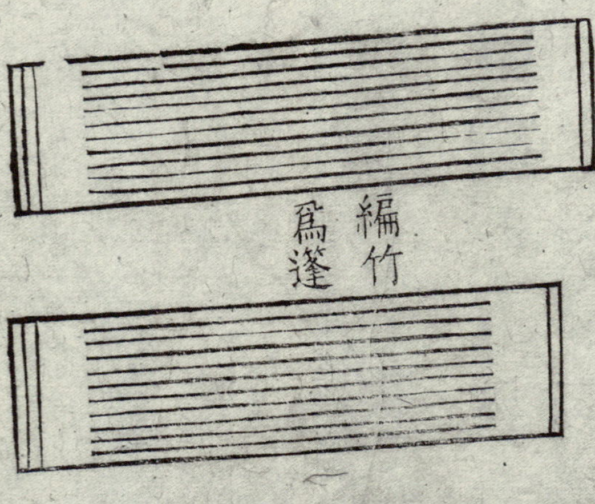

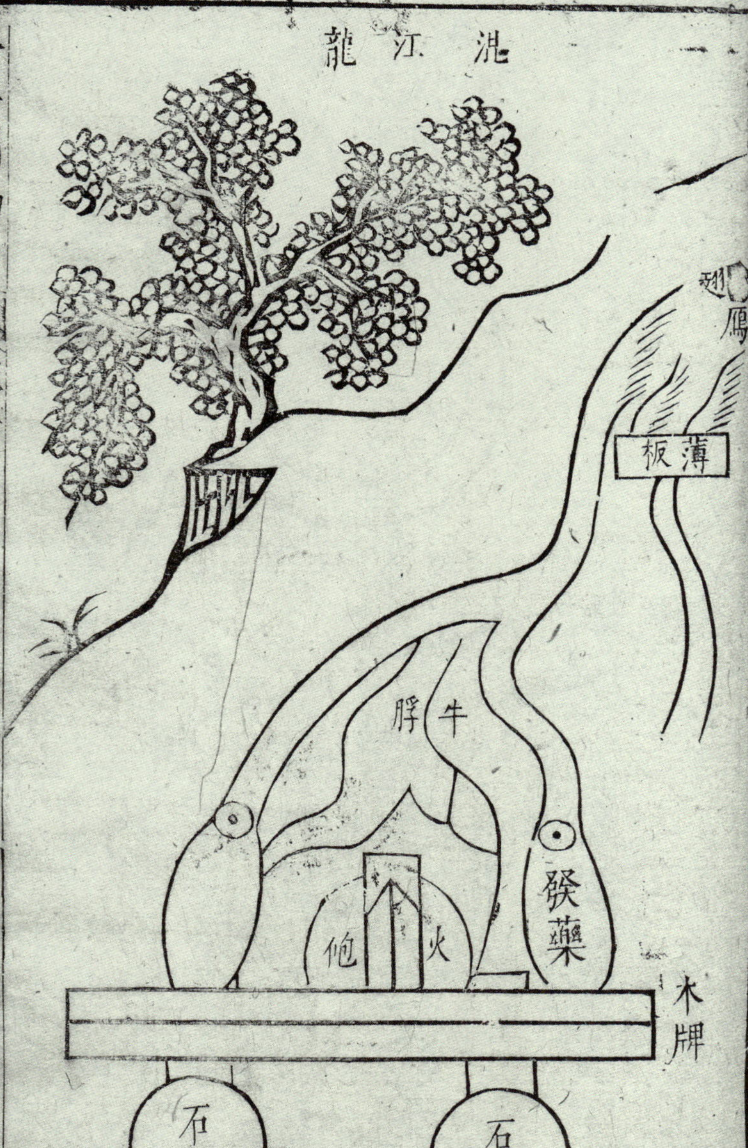
混江龍
薄板
牛脬
發藥
火砲
木牌
石
石

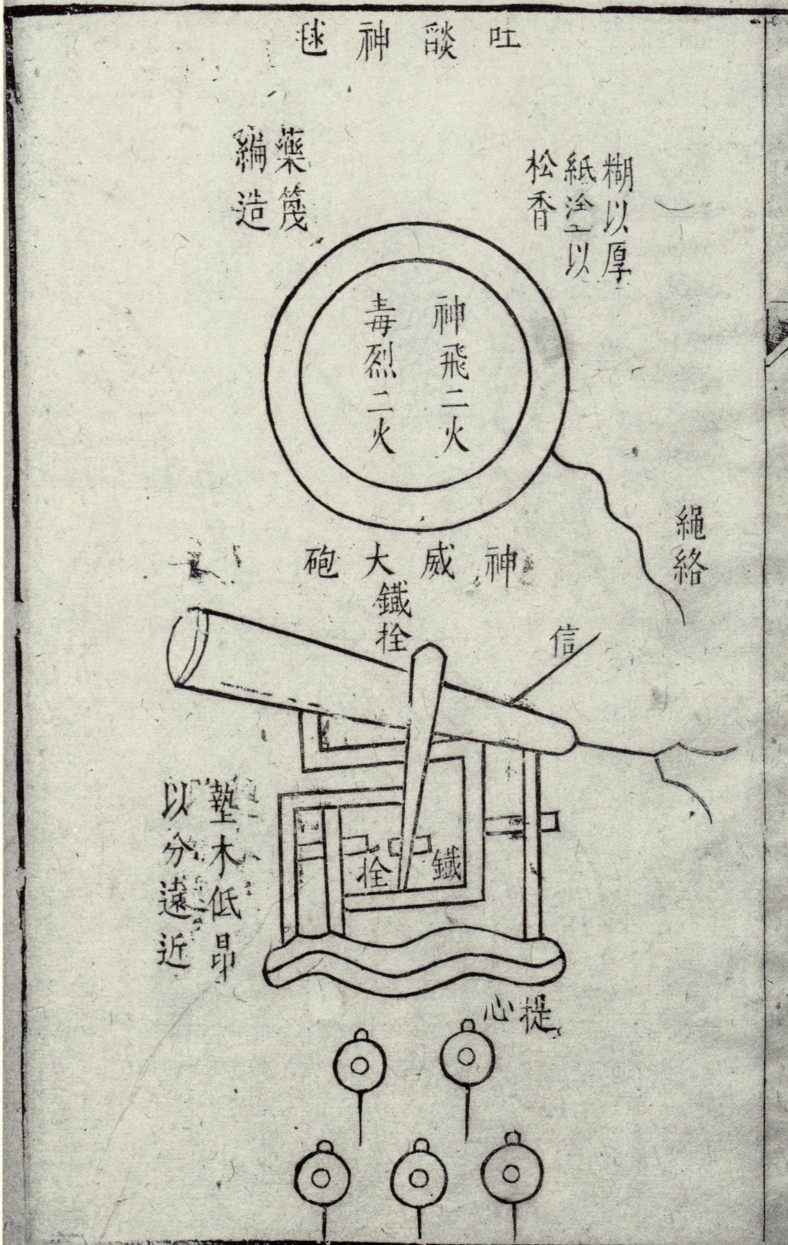
吐焰神毬
藥箋編造
糊以厚紙塗以松香
神飛二火
毒烈二火
繩絡
神威大砲
鐵栓
信
鐵栓
墊木低昂以分遠近
提心

流星砲

生鐵鎔鑄

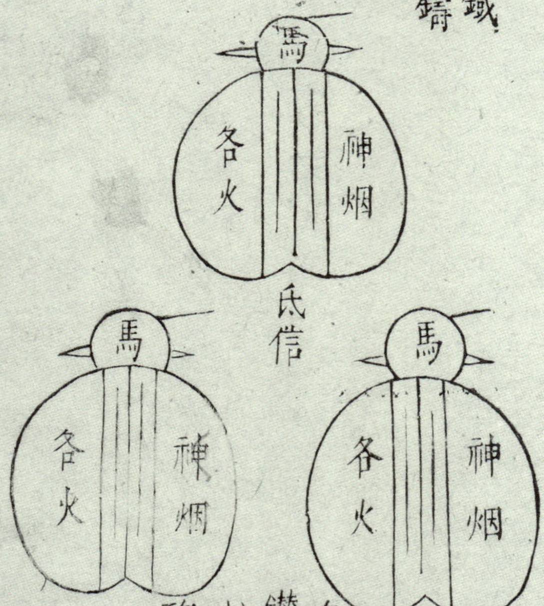

九矢鑽心砲

精銅鑄長三尺八寸

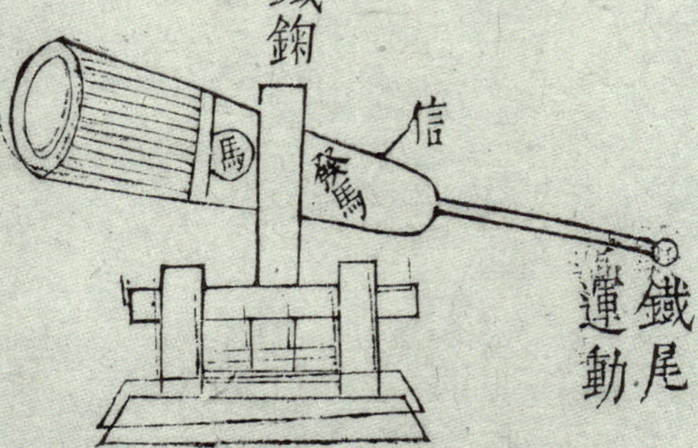

丹青第十六卷

宋子曰斯文千古之不墜也注玄尚白其功孰與京哉離火紅而至黑孕其中水銀白而至紅呈其變造化爐錘思議何所容也五章遙降朱臨墨而大號彰萬卷橫披墨得朱而天章煥文房異寶珠玉何爲至畫工肖象萬物或取本姿或從配合而色色咸備焉夫亦依坎附離而共呈五行變態非至神孰能與于斯哉

朱

凡朱砂水銀銀朱原同一物所以異名者由精粗老嫩

而分也上好朱砂出辰錦今名麻陽與西川者中即孕澒然不以升煉盖光明箭鏃鏡面等砂其價重于水銀三倍故擇出爲朱砂貨鬻若以升水反降賤值唯粗次朱砂方以升煉水銀而水銀又升銀朱也凡朱砂上品者穴土十餘丈乃得之始見其苗磊然白石謂之朱砂牀近牀之砂有如雞子大者其次砂不入藥祇爲研供畫用與升煉水銀者其苗不必白石其深數丈即得外牀或雜黄石或間沙土土中孕滿則其外沙石多自折裂此種砂貴州思印銅仁等地最繁而商州秦州出亦廣

也凡次砂取來其通坑色帶白嫩者則不以研朱盡以升澒若砂質即嫩而爍視欲丹者則取來時入巨鐵碾槽中軋碎如微塵然後入缸注清水澄浸過三日夜跌取其上浮者傾入別缸名曰二朱其下沉結者晒乾即名頭朱也凡升水銀或用嫩白次砂或用缸中跌出浮面二朱水和槎成大盤條每三十斤入一釜內升澒其下炭質亦用三十斤凡升澒上蓋一釜釜當中留一小孔釜傍鹽泥緊固釜上用鐵打成一曲弓溜管其管用麻繩密纏通稍仍用鹽泥塗固煅火之時曲溜一頭插

入釜中通氣插處一絲固密一頭以中礶注水兩瓶插曲溜尾于內釜中之氣達于礶中之水而止共煅五个時辰其中砂末盡化成須布于滿釜冷定一日取出掃下此鼎妙玄化全部天機也本草胡亂註鑿地一孔放盆一个盛水凡將水銀再升朱用故名曰銀朱其法或用磬口泥礶或用上下釜每水銀一斤入石亭脂即硫黃制造者二斤同研不見星炒作青砂頭裝于礶內上用鐵盞盖定盞上壓一鐵尺鐵線兜底綑縛鹽泥固濟口縫下用三釘插地鼎足盛礶打火三炷香久頻以廢筆蘸水擦盞則銀自成粉貼于礶

上其貼口者硃更鮮華冷定揭出刮掃取用其石亭脂沉下罐底可取再用也每升水銀一斤得硃十四兩次硃三兩五錢出數藉硫質而生凡升硃與研硃功用亦相彷若皇家貴家畫彩則即同辰錦丹砂研成者不用此硃也凡硃文房膠成條塊石硯則顯若磨于錫硯之上則立成皂汁即漆工以鮮物彩唯入桐油調則顯入漆亦晦也凡水銀與硃更無他出其湏海草湏之說無端狂妄耳食者信之若水銀已升硃則不可復還爲湏所謂造化之巧已盡也

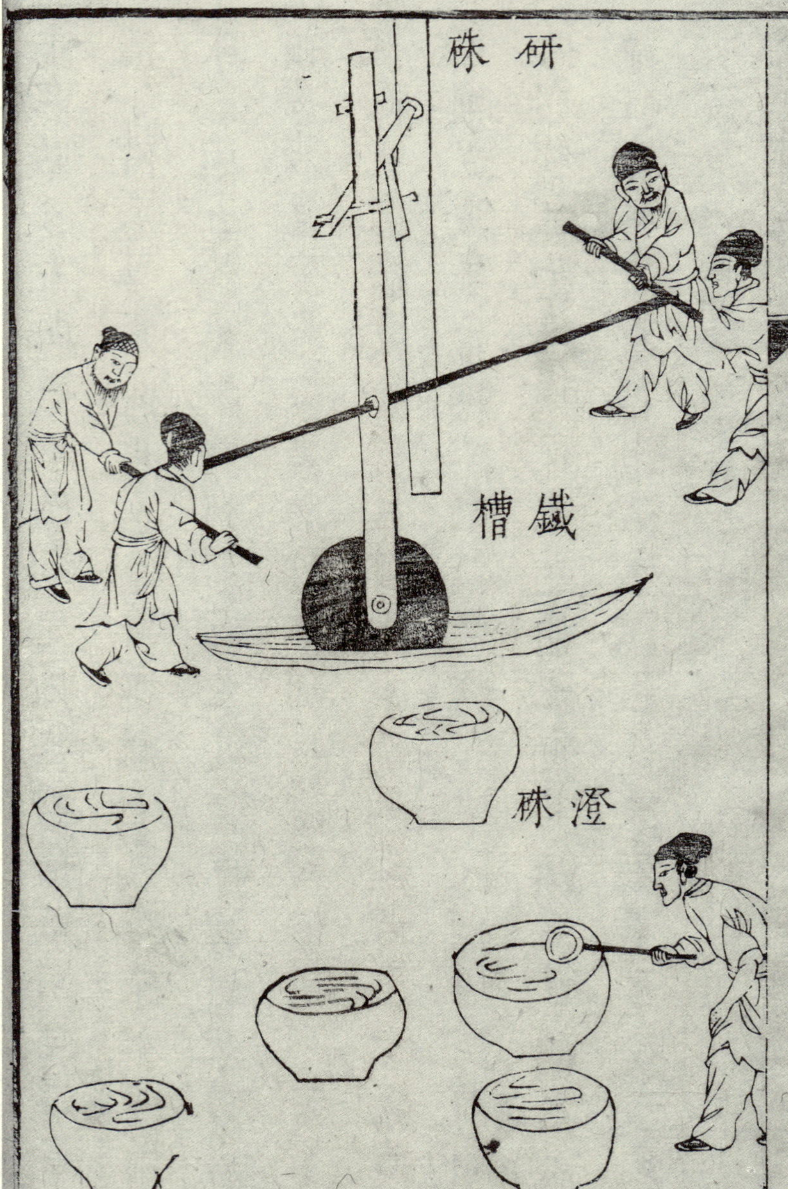
研硃
鐵槽
澄硃

升煉水銀
鐵弓空管
此頭入水
固濟

銀復升硃

墨

凡墨燒烟凝質而爲之取桐油清油猪油烟爲者居十之一取松烟爲者居十之九凡造貴重墨者國朝推重徽郡人或以載油之艱遣人僦居荆襄辰沅就其賤值桐油㸃烟而歸其墨他日登于紙上日影横射有紅光者則以紫草汁浸染燈心而燃炷者也凡爇油取烟每油一斤得上烟一兩餘手力捷疾者一人供事燈盞二百付若刮取怠緩則烟老火燃質料併喪也其餘尋常用墨則先將松樹流去膠香然後伐木凡松香有一毛

未净盡其烟造墨終有滓結不解之病凡松樹流去香
木根鑿一小孔炷燈緩炙則通身膏液就煖傾流而出
也凡燒松烟伐松斬成尺寸鞠篾爲圓屋如舟中雨蓬
式接連十餘丈内外與接口皆以紙及席糊固完成隔
位數節小孔出烟其下掩土砌磚先爲通烟道路燃薪
數日歇冷入中掃刮凡燒松烟放火通烟自頭徹尾靠
尾一二節者爲清烟取入佳墨爲料中節者爲混烟取
爲時墨料若近頭一二節只刮取爲烟子貨賣刷印書
文家仍取研細用之其餘則供漆工堊工之塗玄者凡

燃桸清烟
天工開物
卷下

烧取
取流松液
扫取粗烟

松烟

松烟造墨入水久浸以浮沉分精慤其和膠之後以槌
敲多寡分脆堅其增入珍料與㶿金麝則松烟油烟
增减聽人其餘墨經墨譜博物者自詳此不過粗紀
料原因而已

附

胡粉 至白色詳五金卷

黄丹 紅黄色詳五金卷

澱花 至藍色詳彰施卷

紫粉 縹紅色貴重者用胡粉銀朱對和粗者用染家紅花滓汁爲之

大青至青色詳珠玉卷

銅綠至綠色黃銅打成板片醋塗其上果藏糠内微藉爰火氣逐日刮取　石綠詳珠玉卷

代赭石殷紅色處處山中有之以代郡者爲最佳

石黃中黃色外紫色石皮内黄一名石中黄子

麴蘗第十七卷

宋子曰獄訟日繁酒流生禍其源則何辜祀天吟商頌周雅之間若作酒醴之資麴蘗也殆聖作而明述矣惟是五穀菁華變幻得水而凝感風而化供用岐黃者神其名而堅固食羞者丹其色君臣自古配合日新眉壽介而宿痼怯其功不可殫述自非炎黃作祖末流聰明烏能竟其方術哉

酒母

凡釀酒必資麴藥成信無麴即佳米珍黍空造不成古

來麴造酒蘖造醴後世厭醴味薄遂至失傳則并蘖法亦亡凡麴麥米麪隨方土造南北不同其義則一　凡麥麴大小麥皆可用造者將麥連皮井水淘凈晒乾時宜盛暑天磨碎即以淘麥水和作塊用楮葉包紮懸風處或用稻稭罨黄經四十九日取用造麪麴用白麪五斤黄豆伍升以蓼汁煮爛再用辣蓼末五兩杏仁泥十兩和踏成餅楮葉包懸與稻稭罨黄法亦同前其用糯米粉與自然蓼汁溲和成餅生黄收用者罨法與時日亦無不同也其入諸般君臣與草藥少者數味多者百味

則各土各法亦不可殫述近代燕京則以薏苡仁爲君入麴造薏酒浙中寧紹則以綠豆爲君入麴造豆酒二酒頗擅天下佳雄（别載酒經）凡造酒毋家生黄未足視候不勤盥拭不潔則疵藥數丸動輙敗人石米故市麴之家必信著名聞而後不負釀者凡燕齊黄酒麴藥多從淮郡造成載于舟車北市南方麴酒釀出即成紅色者用麴與淮郡所造相同統名大麴但淮郡市者打成磚片而南方則用餅團其麴一味蓼身爲氣脉而米麥爲質料但必用已成麴酒糟爲媒合此糟不知相承起自何

代猶之燒礬之必用舊礬滓云

神麯

凡造神麯所以入藥乃醫家别于漉母者法起唐時其麯不通醸用也造者專用白麪每百斤入青蒿自然汁馬蓼蒼耳自然汁相和作餅麻葉或楮葉包罨如造醬黄法待生黄衣即晒收之其用他藥配合則聽好醫者增入苦無定方也

丹麯

凡丹麯一種法出近代其義臭腐神奇其法氣精變化

世間魚肉最朽腐物而此物薄施塗抹能固其質于炎暑之中經歷旬日蛆蠅不敢近色味不離初盖奇藥也

凡造法用秈稻米不拘早晚舂杵極其精細水浸一七日其氣臭惡不可聞則取入長流河水漂凈（必用山河流水大江者不可用）漂後惡臭猶不可解入甑蒸飯則轉成香氣其香芬甚凡蒸此米成飯初一蒸半生即止不及其熟出離釜中以冷水一沃氣冷再蒸則令極熟矣熟後數石共積一堆拌信凡麹信必用絕佳紅酒糟爲料每糟一斗入馬蓼自然汁三升明礬水和化每麹飯一石入信二

斤乗飯熱時數人提手拌匀初熱拌至冷候視麯信入
飯久復微温則信至矣凡飯拌信後傾入籮內過礬水
一次然後分散入篾盤登架乗風後此風力爲政水火
無功凡麯飯入盤毎盤約載五升其屋室宜高大妨瓦
上暑氣侵逼室面宜向南妨西晒一个時中翻拌約三
次候視者七日之中卽坐卧盤架之下眠不敢安中宵
數起其初時雪白色經一二日成至黑色黑轉褐褐轉
代赭赭轉紅紅極復轉微黄目擊風中變幻名曰生黄
麯則其價與入物之力皆倍于凡麯也凡黑色轉褐褐

長流漂米

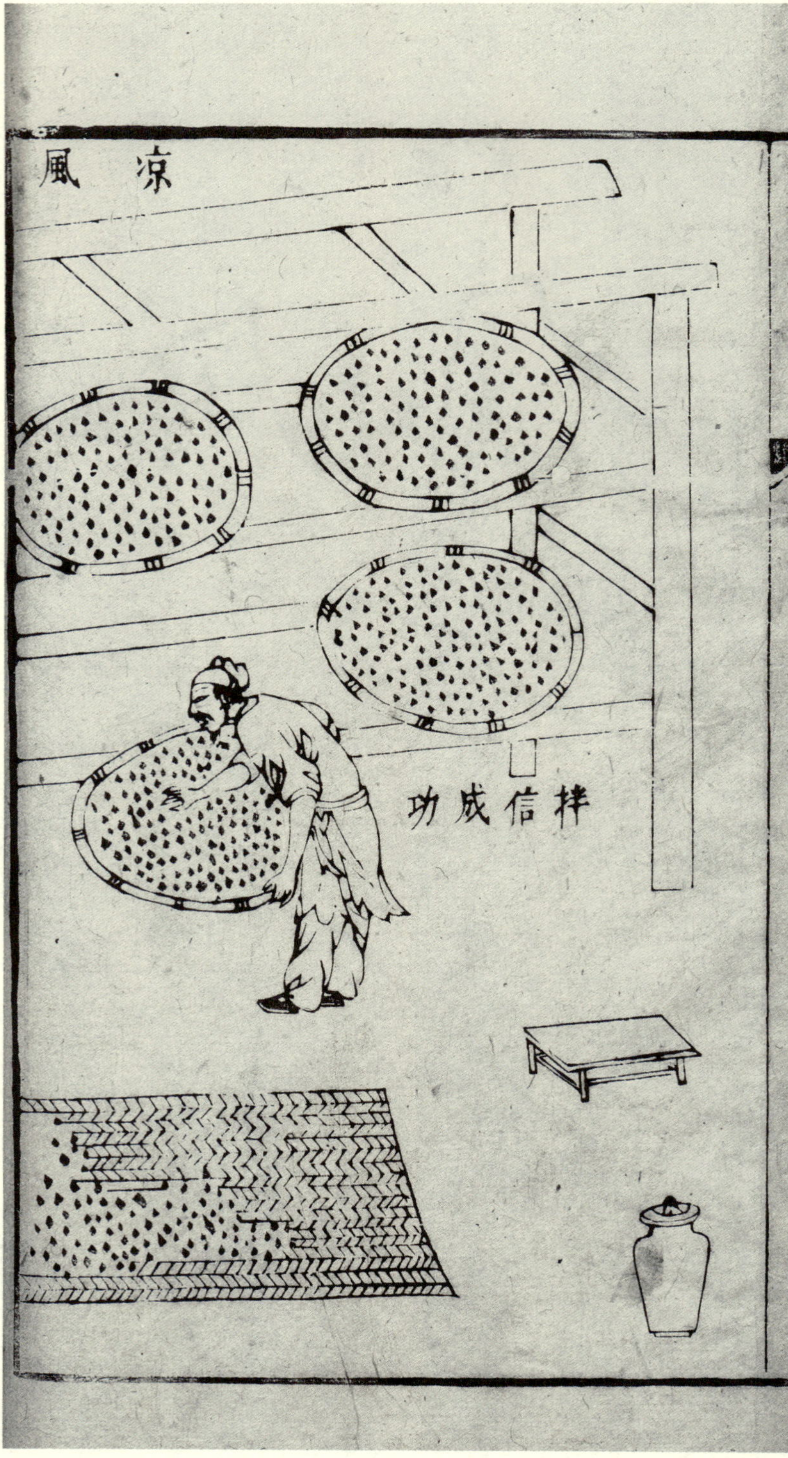
凉風
拌信成功

吹變

轉紅皆過水一度紅則不復入水凡造此物麴工盥手
與洗淨盤簞皆令極潔一毫滓穢則敗乃事也

珠玉第十八卷

宋子曰玉韞山輝珠涵水媚此理誠然乎哉抑意逆之說也大凡天地生物光明者昏濁之反滋潤者枯澁之讎貴在此則賤在彼矣合浦于闐行程相去二萬里珠雄于此玉峙于彼無脛而來以寵愛人寰之中而輝煌廊廟之上使中華無端寶藏折節而推上坐焉豈中國輝山媚水者萃在人身而天地菁華止有此數哉

珠

凡珍珠必產蚌腹映月成胎經年最久乃爲至寶其云

蛇腹龍頷鮫皮有珠者妄也凡中國珠必產雷廉二池三代以前淮揚亦南國地得珠稍近禹貢淮夷蠙珠或後互市之便非必責其土產也金採蒲里路元採楊村直沽口皆傳記相承妄何嘗得珠至云忽吕古江出珠則夷地非中國也凡蚌孕珠乃無質而生質他物形小而居水族者吞噬弘多壽以不永蚌則環包堅甲無隙可投即吞腹囫圇不能消化故獨得百年千年成就無價之寶也凡蚌孕珠即千仞水底一逢圓月中天即開甲仰照取月精以成其魄中秋月明則老蚌猶喜甚若

徼墝無雲則隨月東升西沒轉側其身而映照之他海濱無珠者潮汐震撼蚌無安身靜存之地也凡廉州池自烏泥獨攬沙至于青鸎可百八十里雷州池自對樂島斜望石城界可百五十里蜑戶採珠每歲必以三月時牲殺祭海神極其虔敬蜑戶生啖海腥入水能視水色知蛟龍所在則不敢侵犯凡採珠舶其制視他舟橫濶而圓多載草薦于上經過水漩則擲薦投之舟乃無恙舟中以長繩繫沒人腰攜籃投水凡沒人以錫造灣環空管其本缺處對掩沒人口鼻令舒透呼吸于中別

以熟皮包絡耳項之際極深者至四五百尺拾蚌籃中氣逼則撼繩其上急提引上無命者或葬魚腹凡没人出水煑毳急覆之緩則寒慄死宋朝李招討設法以鐵爲耩最後木柱板口兩角墜石用麻繩作兜如囊狀繩繫舶兩傍乘風揚帆而兜取之然亦有漂溺之患今蜑户兩法並用之凡珠在蚌如玉在璞初不識其貴賤剖取而識之自五分至一寸五分經者爲大品小平似覆釜一邊光彩微似鍍金者此名璫珠其值一顆千金矣古來明月夜光即此便是白晝晴明簷下看有光一

線閃爍不定夜光乃其美號非眞有昏夜放光之珠也次則走珠寘平底盤中圓轉無定歇價亦與璫珠相彷化者之身受含一粒則不復朽壞故帝王之家重價購此次則滑珠色光而形不甚圓次則螺蚵珠次官兩珠次稅珠次蔥符珠幼珠如粱粟常珠如豌豆琕而碎者曰璣自夜光至于碎璣譬均一人身而王公至于卑隷也凡珠生止有此數採取太頻則其生不繼經數十年不採則蚌乃安其身繁其子孫而廣孕寶質所謂珠徙珠還此煞定死譜非眞有清官感召也我朝弘治中一採得二萬八千兩萬曆中一採止得三千兩不償所費

没水採

珠船
擲薦禦漩

揚帆採珠

竹笆沉底

寶

凡寶石皆出井中西番諸域最盛中國惟出雲南金齒衛與麗江兩處凡寶石自大至小皆有石牀包其外如玉之有璞金銀必積土其上韞結乃成而寶則不然從井底直透上空取日精月華之氣而就故生質有光明如玉產峻湍珠孕水底其義一也凡產寶之井即極深無水此乾坤派設機關但其中寶氣如霧氤氲井中人久食其氣多致死故採寶之人或結十數爲羣入井者得其半而井上衆人共得其半也下井人以長繩繫

腰帶叉口袋兩條及泉近寶石隨手疾拾入袋寶井內不容蛇虫腰帶一巨鈴寶氣逼不得過則急搖其鈴井上人引緪提上其人即無恙然已昏瞶止與白滚湯入口解散二日之內不得進食糧然後調理平復其袋內石大者如碗中者如拳小者如豆總不曉其中何等色付與琢工鑢錯解開然後知其爲何等色也屬紅黃種類者爲猫精靺羯芽星漢砂琥珀木難酒黃喇子猫精黃而微帶紅琥珀最貴者名曰璧音依此值黃金五倍價紅而微帶黑然晝見則黑燈光下則紅甚也木難純黃色喇子純紅前

代何妄人于松樹註茯苓又註琥珀可笑也屬青緑種類者爲琴瑟珠琚瑚緑鴉鶻石空青之類空青既取内質其膜升打爲曾青至枚瑰一種如黄豆緑豆大者則紅碧青黄數色皆具寶石有玫瑰如珠之有璣也星漢砂以上猶有煑海金舟此等皆西番産亦間氣出滇中井所無時人僞造者唯琥珀易假高者煑化硫黄低者以殷紅汁料煑入牛羊明角映照紅赤隱然今易最易辨認琥珀磨之有漿至引草原惑人之説凡物借人氣能引拾輕芥也自來本草陋妄删去毋使災木。

寶井
鈴
袋
袋

寶氣飽悶

玉

凡玉入中國貴重用者盡出于闐（漢時西國號後代或名別失八里或統服赤斤蒙古定名未詳）蔥嶺所謂藍田卽蔥嶺出玉別地名而後世誤以爲西安之藍田也其嶺水發源名阿耨山至蔥嶺分界兩河一曰白玉河一曰綠玉河晉人張匡鄴作西域行程記載有烏玉河此節則妄也玉璞不藏深土源泉峻急激映而生然取者不于所生處以急湍無著手俟其夏月水漲璞隨湍流徙或百里或二三百里取之河中凡玉映月精光而生故國人沿河取玉者多于秋

間明月夜望河候視玉璞堆聚處其月色倍明亮凡璞隨水流仍錯雜亂石淺流之中提出辨認而後知也曰玉河流向東南綠玉河流向西北亦力把力地其地有名望野者河水多聚玉其俗以女人赤身沒水而取者云陰氣相召則玉留不逝易于撈取此或夷人之愚也夷中不貴此物更流數百里途遠莫貨則棄而不用凡玉唯白與綠兩色綠者中國名菜玉其赤玉黃玉之說皆奇石琅玕之類價卽不下于玉然非玉也凡玉璞根係山石流水未推出位時璞中玉軟如棉絮推出位時則已硬入塵見風則愈硬

謂世間琢磨有軟玉則又非也凡璞藏玉其外者曰玉皮取爲硯托之類其值無幾璞中之玉有縱橫尺餘無瑕玷者古者帝王取以爲璽所謂連城之璧亦不易得其縱橫五六寸無瑕者治以爲杯斝此已當世重寶也此外惟西洋瑣里有異玉平時白色晴日下看映出紅色陰雨時又爲青色此可謂之玉妖尚方有之朝鮮西比太尉山有千年璞中藏羊脂玉與蔥嶺美者無殊異其他雖有載志聞見則未經也凡玉由彼地纏頭回（其俗人首一歲裹布一層老則擁腫之甚故名纏頭回子其國王亦謹不見髮問其故則云見髮則歲凶荒可咲之

甚
或溯河舟或駕橐駝經莊浪入嘉峪而至于甘州與肅州中國販玉者至此互市而得之東入中華卸萃燕京玉工辨璞高下定價而後琢之（良玉雖集京師工巧則推蘇郡）凡玉初剖時冶鐵爲圓盤以盆水盛沙足踏圓盤使轉添沙剖玉逐忽劃斷中國解玉沙出順天玉田與真定邢臺兩邑其沙非出河中有泉流出精粹如麪藉以攻玉永無耗折既解之後別施精巧工夫得鑌鐵刀者則爲利器也（鑌鐵亦出西番哈密衛礪石中剖之乃得）凡玉器琢餘碎取入鈿花用又碎不堪者碾篩和灰塗琹瑟琹有玉音以此故也凡

鏤刻絶細處難施錐刃者以蟾酥填畫而後鍥之物理制服殆不可曉凡假玉以砆碔充者如錫之于銀昭然易辨近則搗舂上料白瓷器細過微塵以白歛諸汁調成爲器乾燥玉色燁然此僞最巧云凡珠玉金銀胎性相反金銀受日精必沉埋深土結成珠玉寶石受月華不受土寸掩蓋寶石在井上透碧空珠在重淵玉在峻灘但受空明水色盖上珠有螺城螺母居中龍神守護人不敢犯數應入世用者螺母推出人取玉初孕處亦不可得玉神推徙入河然後恣取與珠宫同神異云

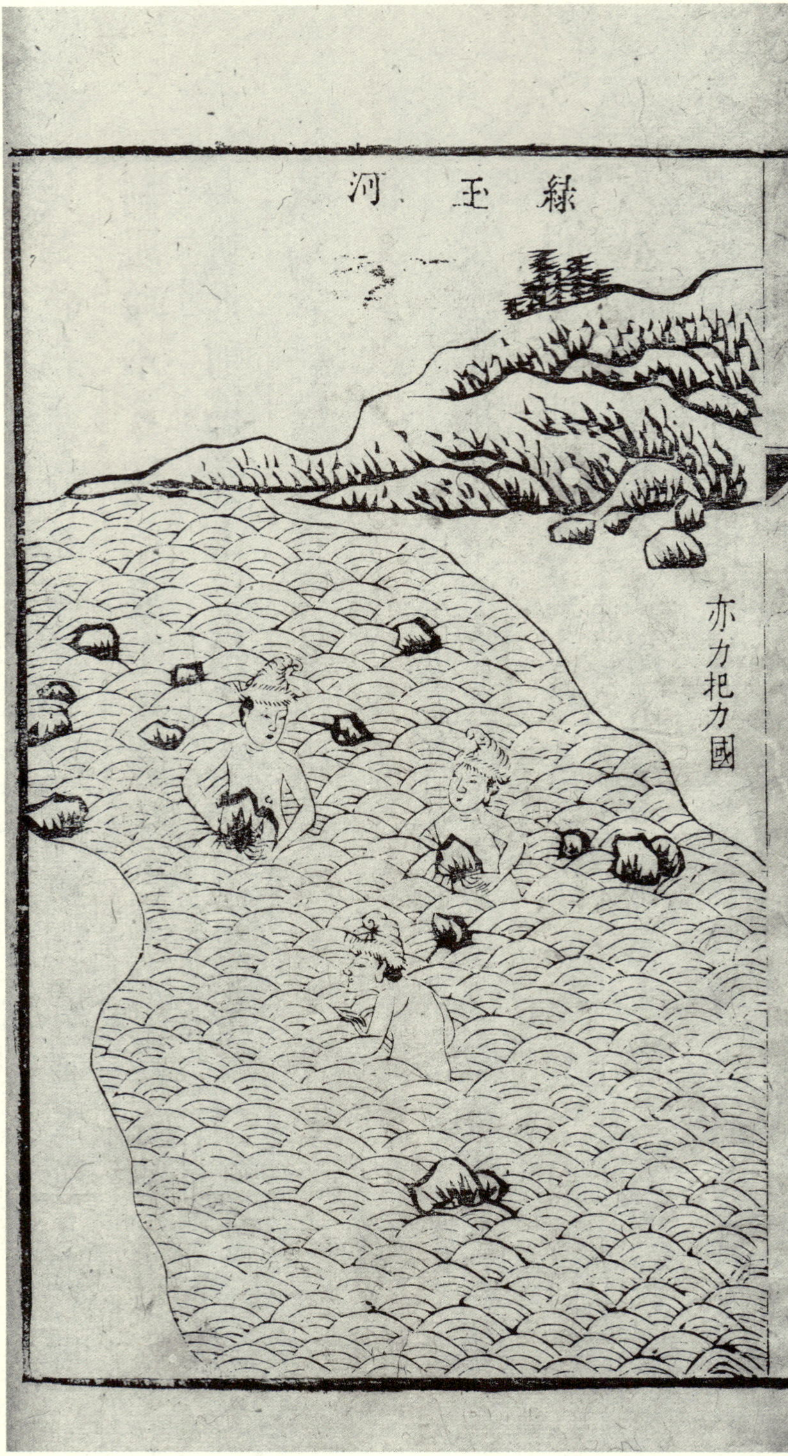
綠玉河
亦力把力國

葱嶺陰

白玉河

于闐國

琢玉

附瑪瑙　水晶　琉璃

凡瑪瑙非石非玉中國產處頗多種類以十餘計得者多爲簪篸鈎（音扣）結之類或爲棊子最大者爲屏風及卓面上品者產寧夏外徼羌地砂磧中然中國即廣有商販者亦不遠涉也今京師貨者多是大同蔚州九空山宣府四角山所產有夾胎瑪瑙截子瑪瑙錦紅瑪瑙是不一類而神木府谷出漿水瑪瑙錦纏瑪瑙隨方貨鬻此其大端云試法以砑木不熱者爲眞僞者雖易爲然眞者値原不甚貴故不樂售其技也

凡中國產水晶硯瑪瑙少殺今南方用者多福建漳浦產（山名銅山）北方用者多宣府黃尖山產中土用者多河南信陽州（黑色者最美）與湖廣興國州（潘家山）產黑色者產北不產南其他山穴本有之而採識未到與已經採識而官司厲禁封閉（如廣信懼中官開採之類）者尚多也凡水晶出深山穴內瀑流石罅之中其水經晶流出晝夜不斷流出洞門半里許其面尚如油珠滾沸凡水晶未離穴時如綿軟見風方堅硬琢工得宜者就山穴成粗坯然後持歸加功省力十倍云

凡琉璃石與中國水精占城火齊其類相同同一精光明透之義然不產中國產于西域其石五色皆具中華人艷之遂竭人巧以肖之于是燒瓴甋轉銹成黃綠色者曰琉璃瓦煎化羊角爲盛油與籠燭者爲琉璃碗合化硝鉛寫珠銅線穿合者爲琉璃燈捏片爲琉璃瓶袋硝用煎鍊上結馬牙者各色顏料汁任從點染凡爲燈珠皆淮北齊地人以其地產硝之故凡硝見火還空其質本無而黑鉛爲重質之物兩物假火爲媒硝欲引鉛還空鉛欲留硝任世和同一釜之中透出光明形象此乾坤造化

隱現于容易地面天工卷末著而出之

中華古籍保護計劃

ZHONG HUA GU JI BAO HU JI HUA CHENG GUO

·成 果·

（明）宋應星 撰

明本天工開物

第一册

國家圖書館出版社

圖書在版編目(CIP)數據

明本天工開物:全二册/(明)宋應星撰.—北京:國家圖書館出版社,2019.4(2024.11 重印)

(國學基本典籍叢刊)

ISBN 978-7-5013-6701-6

Ⅰ.①明… Ⅱ.①宋… Ⅲ.①農業史—中國—古代 ②手工業史—中國—古代 Ⅳ.①N092

中國版本圖書館 CIP 數據核字(2019)第 050846 號

書　　名　明本天工開物(全二册)

著　　者　(明)宋應星　撰

責任編輯　南江濤

重印編輯　黄　鑫

封面設計　徐新狀

出版發行　國家圖書館出版社(北京市西城區文津街 7 號　100034)

(原書目文獻出版社　北京圖書館出版社)

010-66114536　63802249　nlcpress@nlc.cn(郵購)

網　　址　http://www.nlcpress.com

印　　裝　河北三河弘翰印務有限公司

版次印次　2019 年 4 月第 1 版　2024 年 11 月第 2 次印刷

開　　本　880×1230　1/32

印　　張　13

書　　號　ISBN 978-7-5013-6701-6

定　　價　40.00 圓

《國學基本典籍叢刊》前言

國家圖書館出版社（原名書目文獻出版社 北京圖書館出版社）成立三十多年來，出版了大量的中國傳統文化典籍。由於這些典籍的出版往往采用叢書的方式或綫裝形式，供公共圖書館和大學圖書館典藏使用，普通讀者因價格較高、部頭較大，不易購買使用。爲弘揚優秀傳統文化，滿足廣大普通讀者的需求，現將經、史、子、集各部的常用典籍，選擇善本，分輯陸續出版單行本。每書之前均加簡要説明，必要者加編目録和索引，總名《國學基本典籍叢刊》。歡迎讀者提出寶貴意見和建議，以使這項工作逐步完善。

國家圖書館出版社

二〇一六年四月

序　言

《天工開物》初刻於明崇禎十年（一六三七），全書共十八卷，内含插圖一百餘幅，是一部集中反映中國古代生産技術的綜合性著作。在中國古代瀚如烟海的漢文典籍中，生産技術領域并非士人們熱衷書寫的主題，這其中除去占據相當比例的農書，關注手工業者即通常所謂『匠人』技藝的書籍可謂鳳毛麟角，其中最重要的兩部著作即《周禮・考工記》和《天工開物》，前者開創了中國古代技術的悠久傳統，後者則代表着近代西方科技傳入中國前夕，中國人在農業和手工業領域的技術成就和科學思想。因此，《天工開物》是一部兼具歷史價值和現實意義的重要典籍。

《天工開物》的作者宋應星，字長庚，明萬曆十五年（一五八七）出生於江西省南昌府奉新縣北鄉（今江西奉新宋埠）。宋應星的曾祖、祖父輩中不乏經科舉入仕者，到宋應星的父親宋國霖時，宋氏家道中衰，但青年宋應星依然秉承讀書入仕的家族理想。宋應星與胞兄宋應昇於萬曆四十三年在南昌府同中舉人，時譽『奉新二宋』。一六一六至一六三一年，宋應星、應昇兄弟六次北上京師參加會試，然皆以落第收場。崇禎七年，宋應星赴本省袁州府分宜縣出任教諭一職四年。

崇禎十一年，宋應星升任福建省汀州府推官，兩年後辭官歸奉新故里。崇禎十六年，升任南直隸鳳陽府亳州知州，未及一載即辭官返鄉。入清後，宋應星拒不出仕，隱居鄉里，其卒年未知，潘吉星先生推測約在清康熙五年（一六六六）前後。

宋應星在袁州府分宜縣出任教諭一職的四年是其創作的高峰期——崇禎九年完成《畫音歸正》《原耗》《野議》和《思憐詩》等著作，崇禎十年又發表《卮言十種》《天工開物》等，《天工開物》卷首即自署『分宜教諭宋應星著』。就宋應星生活的大時代而言，誕生《天工開物》的晚明，以所謂『天崩地解』面貌呈現一種前所未見的社會變局，如美國學者本杰明·艾爾曼所言，『十七、十八世紀的歷史不僅是儒教中國衰亡的前奏，也是新時代即將來臨的序曲』，其對知識界的影響，即在學術和哲學領域正在展開一場『話語革命』。社會商品化引發了社會各階層對於工藝知識的普遍需求，引導了士人階層對於工藝知識的搜集與書寫興趣，宋應星正是在此種不尋常的背景下進行《天工開物》一書的創作。

《天工開物》初刻本分上、中、下三卷，共十八章（原本亦作『卷』）。上卷分爲乃粒、乃服、彰施、粹精、作鹹、甘嗜六卷，中卷分爲陶埏、冶鑄、舟車、錘鍛、燔石、膏液、殺青七卷，下卷分爲五金、佳兵、丹青、麯蘗、珠玉五卷，以章節名録分析，《天工開物》基本涵括了當時農業和手工業的各個部門。對於章節編排的原委，宋應星僅在序言中引《漢書·食貨志》和《齊民要術》之語，指出『卷

分前後，乃貴五穀而賤金玉』，藉以説明《天工開物》始於『乃粒』而終於『珠玉』的卷次排列，而對於其他各卷的次序，作者并未解釋。值得注意的是，宋應星在序言中還提及『《觀象》《樂律》二卷，其道太精，自揣非吾事，故臨梓删去』。而《天工開物》初刻本的目録頁末有四行墨釘，潘吉星認爲此即『臨梓删去』的《觀象》《樂律》二卷目録，如此，《天工開物》原文當有二十卷。

《天工開物》自明崇禎十年初版面世以後，歷經數次刻板重印，就文獻學意義而言，初刻本（即『涂本』）無疑最能反映該書的原始面貌。《天工開物》的初刻本原名《天工開物卷》，分上、中、下三册綫裝印行。『涂本』序末『時崇禎丁丑孟夏月，奉新宋應星書於家食之問堂』之題款爲他本所無，目録各章節名目後亦較他本多『卷』字。據其序中所言，該版本由作者的友人、時任河南信陽兵備道的涂紹煃（字伯聚）資助刊刻，故此得名『涂本』，其刊刻地點爲江西南昌府，時間爲一六三七年四月。該版本作爲《天工開物》的初刻本，不僅在文字上占據母本的權威意義，更珍貴的是該版本中的極具寫實風格的百餘幅插圖，由於其直接來自作者手稿，以圖像形式精確表達了文字叙述的技術内容，這種文本價值是其後版本中的插圖所不具備的。『涂本』目前已知有三部存世，分别藏於中國國家圖書館、日本東京静嘉堂文庫和法國巴黎國立圖書館。本次影印所據即中國國家圖書館藏明崇禎十年刻本，框高二十一點四厘米，寬十四點二厘米；每半葉九行，行二十一字，白口，四周單邊。此本鈐有『墨瀞樓珍藏書畫鈐記』印記，蓋其原藏於浙江寧波墨海樓，清末轉

藏於同邑萱蔭樓，一九五〇年代轉北京圖書館（今國家圖書館）善本特藏部收藏。《天工開物》初刻本的影印出版有助於學界對該書的進一步研究，并讓更多讀者瞭解這部在中國古代科技史上具有獨特意義的珍貴典籍。

魏 毅

二〇一九年一月

總目録

第一册

卷上

卷中

第二册

卷下

第一册目録

據國家圖書館藏明崇禎十年（一六三七）刻本影印版框高二十一點四厘米寬十四點二厘米

天工開物卷序

天覆地載物數號萬而事亦因之曲成而不遺豈人力也哉事物而既萬矣必待口授目成而後識之其與幾何萬事萬物之中其無益生人與有益者各載其半世有聰

明博物者稠人推焉乃棗梨之花
未賞而䩞虔楚萍釜鬵之範鮮經
而後談莒鼎晝工好圖鬼魅而惡
犬馬卽鄭僑晋華豈足爲烈哉幸
生聖明極盛之世滇南車馬縱貫
遼陽嶺徼宦商衡遊薊北爲方萬

里中何事何物不可見見聞聞若爲士而生東晉之初南宋之季其視燕秦晉豫方物巳成夷產從互市而得裘帽何殊肅愼之矢也且夫王孫帝子生長深宮御廚玉粒正香而欲觀耒耜尚宮錦衣方剪

而想像機絲當斯時也披圖一觀
如獲重寶矣年來著書一種名曰
天工開物卷傷哉貧也欲購奇玫
證而乏洛下之資欲招致同人商
畧贗真而缺陳思之館隨其孤陋
見聞藏諸方寸而寫之豈有當哉

吾友涂伯聚先生誠意動天心靈

格物凡古今一言之嘉寸長可取

必勤勤懇懇而契合焉昨歲畫音

歸正録先生而授梓兹有後命復

取此卷而繼起爲之其亦夙緣之

所召哉卷分前後乃貴五穀而賤

金玉之義觀象樂律二卷其道太
精自揣非吾事故臨梓刪毒丐大
業文人棄擲案頭此書于功名進
取毫不相關也　　旹
崇禎丁丑孟夏月奉新宋應星書
于家食之問堂

天工開物卷目錄

上卷

中卷

目錄終

天工開物卷上

分宜教諭宋應星著

乃粒第一卷

宋子曰上古神農氏若存若亡然味其徽號兩言至今存矣生人不能久生而五穀生之五穀不能自生而生人生之土脉歷時代而異種性隨水土而分不然神農去陶唐粒食已千年矣耒耜之利以教天下豈有隱焉而紛紛嘉種必待后稷詳明其故何也紈袴之子以赭衣視笠蓑經生之家以農夫為詬詈晨炊晚饟知其味

而忘其源者衆矣夫先農而繫之以神豈人力之所爲

哉

總名

凡穀無定名百穀指成數言五穀則麻菽麥稷黍獨遺

稻者以著書聖賢起自西北也今天下育民人者稻居

什七而來牟黍稷居什三麻菽二者功用已全入蔬餌

膏饌之中而猶繫之穀者從其朔也

稻

凡稻種最多不粘者禾曰秔米曰粳粘者禾曰稌米曰

糯南方無粘黍酒皆糯米所爲質本粳而晚收帶粘俗名婺源光之類不可
爲酒只可爲粥者又一種性也凡稻穀形有長芒短芒江南名長芒者曰瀏陽早短芒者曰吉安早長粒尖粒圓頂扁面不一其中
米色有雪白牙黃大赤半紫雜黑不一濕種之期最早
者春分以前名爲社種遇天寒有凍死不生者最遲者後于清明

凡播種先以稻麥稾包浸數日俟其生芽撒于田中生
出寸許其名曰秧秧生三十日即拔起分栽若田畝逢
旱乾水溢不可插秧秧過期老而長節即栽于畝中生
穀數粒結果而已凡秧田一畝所生秧供移栽二十五

畝凡秧既分栽後早者七十日即收穫粳有救公饑喉下急糯有金包銀之類方語百千不可殫述最遲者歷夏及冬二百日方收穫其冬季播種仲夏即收者則廣南之稻地無霜雪故也凡稻旬日失水即愁旱乾夏種冬收之穀必山間源水不絕之畝其穀種亦耐久其土脈亦寒不催苗也湖濱之田待夏潦已過六月方栽者其秧立夏播種撒藏高畝之上以待時也南方平原田多一歲兩栽兩穫者其再栽秧俗名晚糯非粳類也六月刈初禾耕治老藁田插再生秧其秧清明時已偕早秧撒佈早秧一日無水即死

此秧歷四五兩月任從烈日暵乾無憂此一異也凡再植稻遇秋多晴則汲灌與稻相終始農家勤苦爲春酒之需也凡稻旬日失水則死期至了出旱稻一種粳而不粘者卽高山可插又一異也香稻一種取其芳氣以供貴人收實甚少滋益全無不足尙也

稻宜

凡稻土脉焦枯則穗實蕭索勤農糞田多方以助之人畜穢遺榨油枯餅枯者以去膏而得名也胡麻萊菔子爲上芸薹次之大眼桐又次之樟桕棉花又次之草皮木葉以佐生機普天之所同也南方磨綠豆粉者取

漫漿灌田肥甚豆賤之時撒黃豆于田一粒爛土方三寸得穀之息倍焉土性帶冷漿者宜骨灰蘸秧根凡禽獸骨石灰淹苗足向陽煖土不宜也土脉堅緊者宜耕壟疊塊壓薪而燒之埴墳鬆土不宜也

稻工　耕　耙　磨耙　耘耔具圖

凡稻田刈穫不再種者土宜本秋耕墾使宿膏化爛敵糞力一倍或秋旱無水及怠農春耕則收穫損薄也凡糞田若撒枯澆澤恐霖雨至過水來肥質隨漂而去謹視天時在老農心計也凡一耕之後勤者再耕三耕然後施耙則土質勻碎而其中膏脉釋化也凡牛力窮者

兩人以扛懸耜項背相望而起土兩人竟日僅敵一牛之力若耕後牛窮製成磨耙兩人肩手磨軋則一日敵三牛之力也凡牛中國惟水黄兩種水牛力倍于黄但畜水牛者冬與土室禦寒夏與池塘浴水畜養心計亦倍于黄牛也凡牛春前力耕汗出切忌雨點將雨則疾驅入室候過穀雨則任從風雨不懼也吳郡力田者以鋤代耜不藉牛力愚見貧農之家會計牛值與水草之資窃盗死病之變不若人力亦便假如有牛者供辦十畝無牛用鋤而勤者半之既已無牛則秋穫之後田中

無復芻牧之虞而菽麥麻蔬諸種紛紛可種以再穫償半荒之畝似亦相當也凡稻分秧之後數日舊葉萎黃而更生新葉青葉既長則耔可施焉俗名樦禾植杖于手以足扶泥壅根併屈宿田水草使不生也凡宿田茵草之類遇耔而屈折而稊稗與荼蓼非足力所可除者則耘以繼之耘者苦在腰手辯在兩眸非類既去而嘉穀茂焉從此洩以防潦溉以防旱旬月而奄觀銍刈矣

稻災

凡早稻種秋初收藏當午晒時烈日火氣在內入倉廩

中閫閉太急則其穀粘帶暑氣（勤農之家偏受此患）明年田有糞肥土脉發燒東南風助煖則盡發炎火大壞苗穗此一災也若種穀晚凉入廩或冬至數九天收貯雪水冰水一甕（交春即不驗）清明濕種時每石以數碗激洒立解暑氣則任從東南風煖而此苗清秀異常矣（祟在種内反怨鬼神）凡稻撒種時或水浮數寸其穀未即沉下驟發狂風堆積一隅此二災也謹視風定而後撒則沉匀成秧矣凡穀種生秧之後妨雀鳥聚食此三災也立標飄揚鷹俑則雀可敺矣凡秧沉脚未定陰雨連綿則損折過半此四災

也邀天晴霽三日則粒粒皆生矣凡苗既函之後畝土肥澤連發南風薰熱函内生蟲（形似蠶繭）此五災也邀天遇西風雨一陣則蟲化而穀生矣凡苗吐穡之後暮夜鬼火遊燒此六災也此火乃朽木腹中放出凡木母火子子藏母腹母身未壞子性千秋不滅每逢多雨之年孤野墓墳多被狐狸穿塌其中棺板爲水浸朽爛之極所謂母質壞也火子無附脫母飛揚然陰火不見陽光直待日沒黃昏此火衝隙而出其力不能上騰飄遊不定數尺而止凡禾穡葉遇之立刻焦炎逐火之人見他處

樹根放光以爲鬼也奮梃擊之反有鬼變枯柴之說不知何來鬼火見燈光而已化矣（凡火未經人間燈傳者總屬陰火故見燈即滅）凡苗自函活以至穎栗早者食水三斗晚者食水五斗失水即枯（將刈之時少水一升穀數雖存米粒縮小入碾臼中亦多斷碎）此七災也汲灌之智人巧已無餘矣凡稻成熟之時遇狂風吹粒殞落或陰雨竟旬穀粒沾濕自爛此八災也然風災不越三十里陰雨災不越三百里偏方厄難亦不廣被風落不可爲若貧困之家苦于無霽將濕穀升于鍋內燃薪其下炸去糠膜收炒糗以克饑亦補助造化之一端矣

耕
耜

耘

耔

天工開物 卷上 八

水利　筒車　牛車　踏車　拔車　桔槔皆具圖

凡稻妨旱藉水獨甚五穀厥土沙泥磽䃪隨方不一有三日即乾者有半月後乾者天澤不降則人力挽水以濟凡河濱有製筒車者堰陂障流遶于車下激輪使轉挽水入筒一一傾于梘內流入畝中晝夜不息百畝無憂（不用水時拴木礙止使輪不轉動）其湖池不流水或以牛力轉盤或聚數人踏轉車身長者二丈短者半之其內用龍骨拴串板關水逆流而上大抵一人竟日之力灌田五畝而牛則倍之其淺池小澮不載長車者則數尺之車一人

兩手疾轉竟日之功可灌二畝而巳揚郡以風帆數扇

俟風轉車風息則止此車爲救潦欲去澤水以便栽種

蓋去水非取水也不適濟旱用桔槹轆轤功勞又甚細

巳

汲水圖

筒車
水梘
水梘
岸

㮰坡障水
柳椿
閘

人車
龍骨

中柱
牛轉
盤外

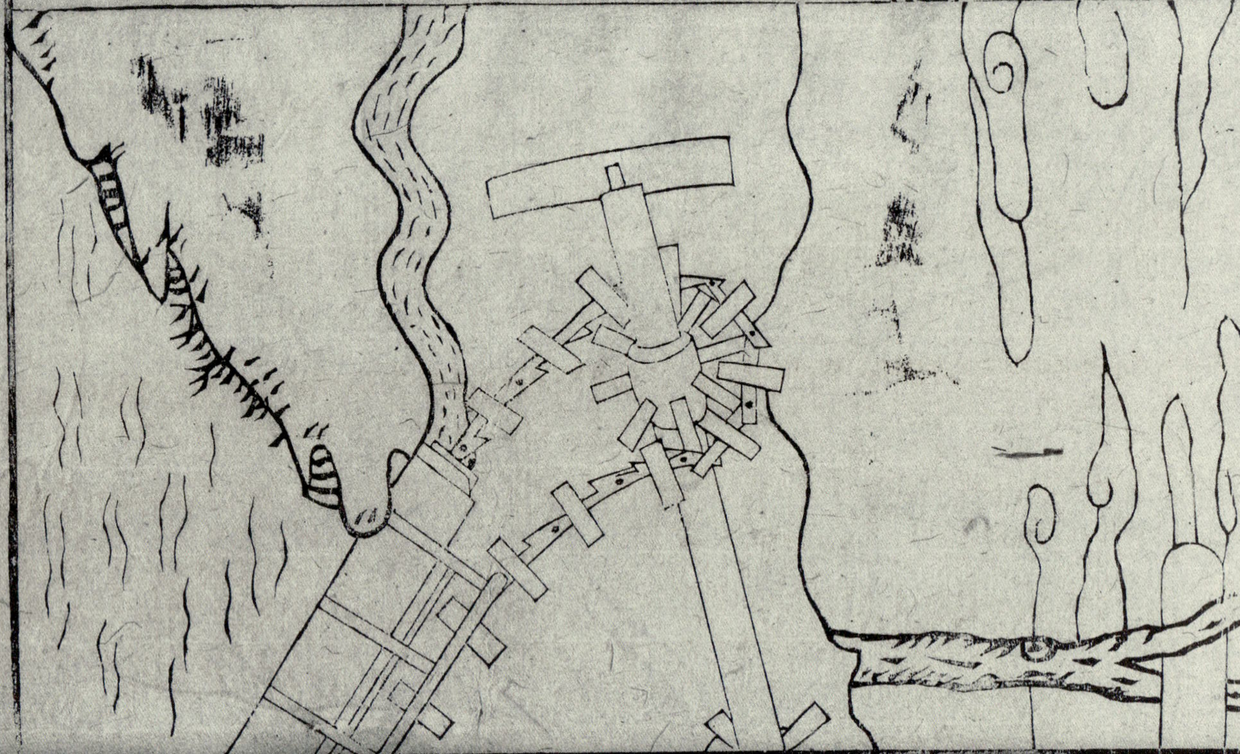

拔車

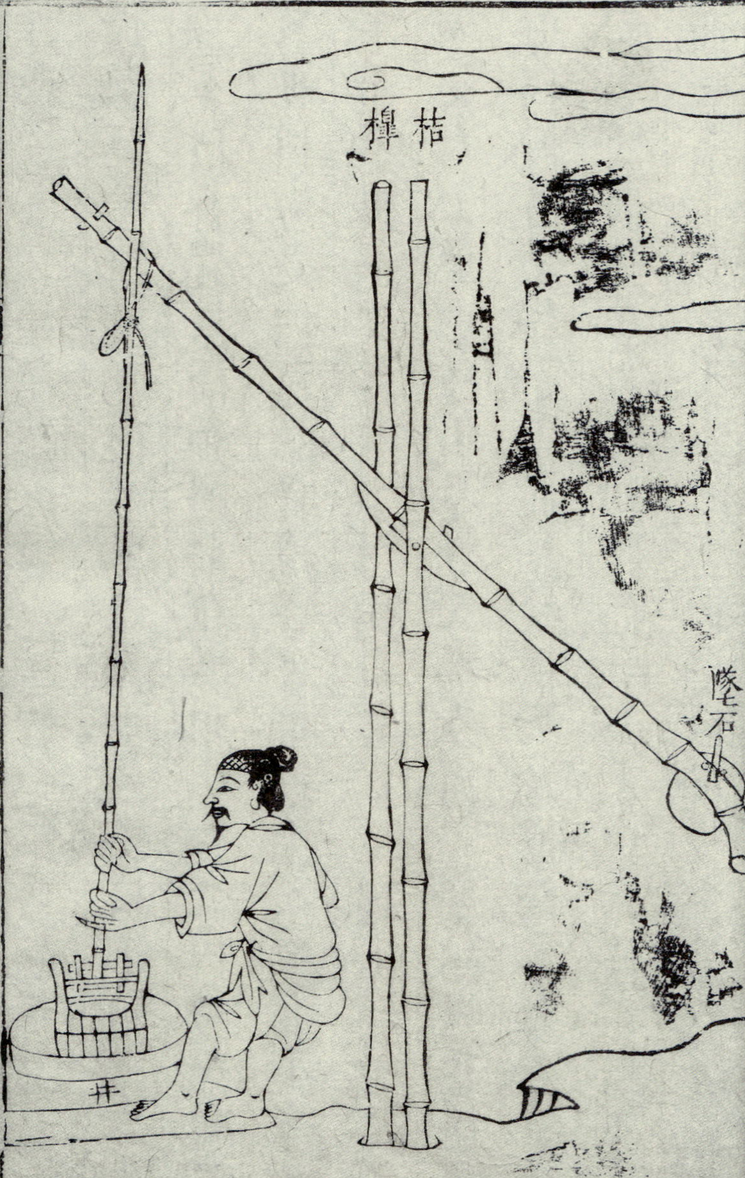
桔槹
墜石
井

麥

凡麥有數種小麥曰來麥之長也大麥曰牟曰穬雜麥曰雀曰蕎皆以播種同時花形相似粉食同功而得麥名也四海之内燕秦晋豫齊魯諸道烝民粒食小麥居半而黍稷稻粱僅居半西極川雲東至閩浙吳楚腹焉方長六千里中種小麥者二十分而一磨麵以爲捻頭環餌饅首湯料之需而饔飧不及焉種餘麥者五十分而一閭閻作苦以充朝膳而貴介不與焉穬麥獨産陝西一名青稞即大麥隨土而變而皮成青黑色者秦人

專以飼馬饑荒人乃食之大麥亦有粘者河洛用以釀酒雀麥細穗穗
中又分十數細子間亦野生蕎麥實非麥類然以其爲
粉療饑傳名爲麥則麥之而已凡北方小麥歷四時之
氣自秋播種明年初夏方收南方者種與收期時月差
短江南麥花夜發江北麥花晝發亦一異也大麥種穫
期與小麥相同蕎麥則秋半下種不兩月而即收其苗
遇霜即殺邀天降霜遲遲則有收矣

麥工

北耕種　耨具圖

凡麥與稻初耕墾土則同播種以後則耘耔諸勤苦皆

屬稻麥惟旋耨而已凡北方厥土墳壚易解釋者種麥之法耕具差異耕即兼種其服牛起土者耒不用耕金列兩鐵于横木之上其具方語曰鏹鏹中間盛一小斗貯麥種于内其斗底空梅花眼牛行摇動種子即從眼中撒下欲密而多則鞭牛疾走子撒必多欲稀而少則緩其牛撒種即少旣撒種後用驢駕兩小石團壓土埋麥凡麥種緊壓方生南方地不北同者多耕多耙之後然後以灰拌種手指拈而種之種過之後隨以脚根壓土使緊以代北方驢石也耕種之後勤議耨鋤凡耨草

川濶而大鎛麥苗生後耨不厭勤（有三過四過者）餘草生機盡誅鋤下則竟畝精華盡聚嘉實矣功勤易耨南與北同也凡糞麥田既種以後糞無可施爲計在先也陝洛之間憂蟲蝕者或以砒霜拌種子南方所用惟炊燼也（俗名地灰）南方稻田有種肥田麥者不糞麥實當春小麥大麥青青之時耕殺田中蒸罨土性秋收稻穀必加倍也凡麥收空隙可再種他物自初夏至季秋時日亦半載擇土宜而爲之惟人所取也南方大麥有既刈之後乃種遲生粳稻者勤農作苦明賜無不及也凡蕎麥南方必刈

北耕兼種圖

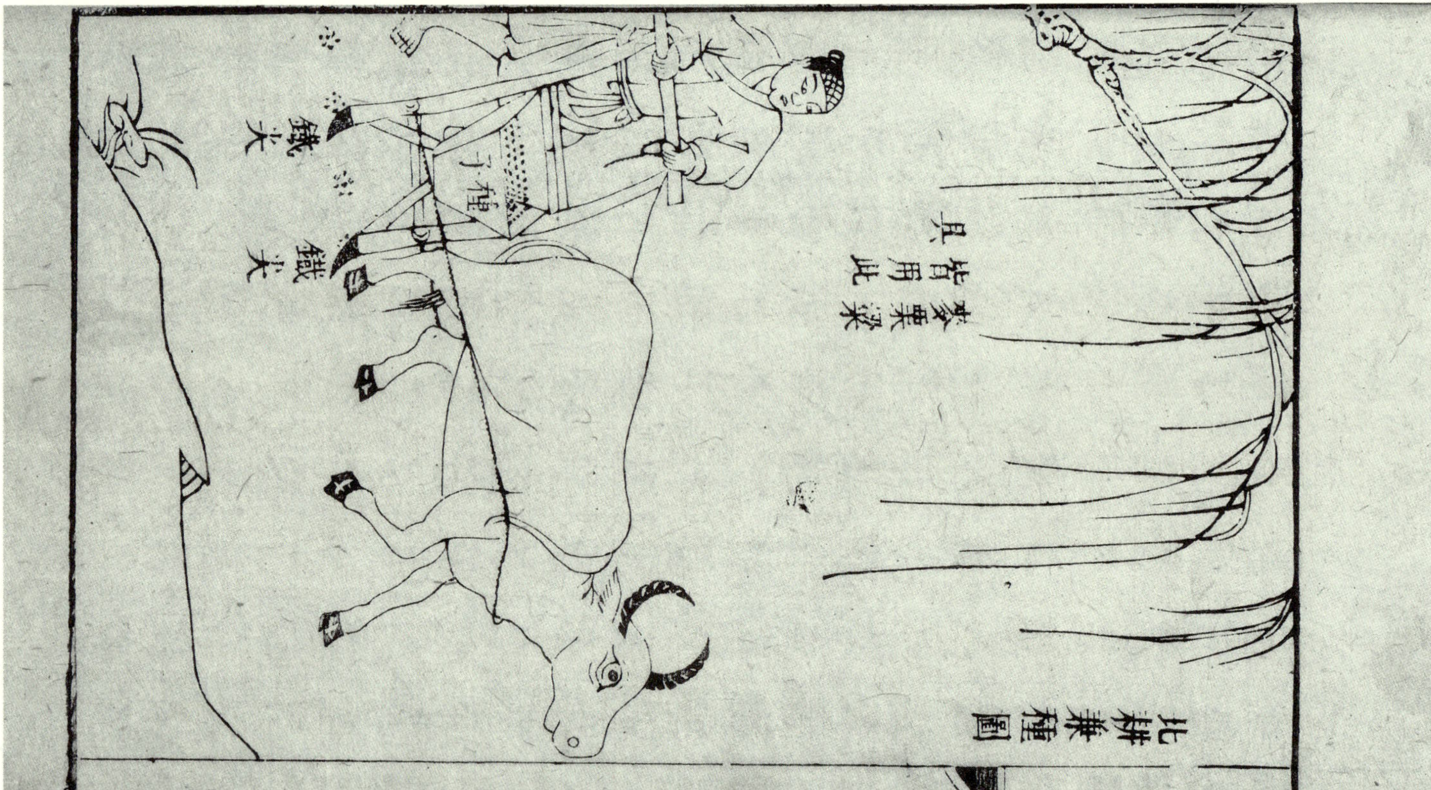

北盖種圖
石陀

耨

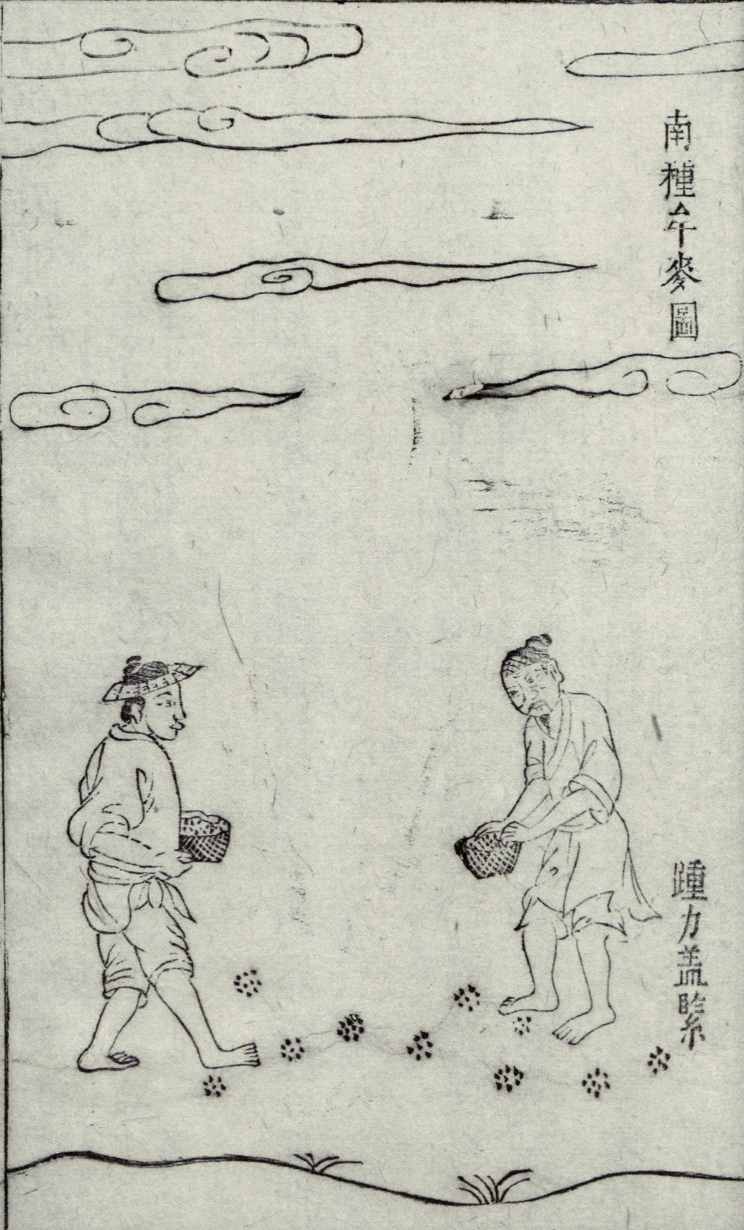

南種牟麥圖

稻北方必刈菽稷而後種其性稍吸肥腴能使土瘦然
計其穫入業償半穀有餘勤農之家何妨再糞也

麥災

凡麥妨患抵稻三分之一播種以後雪霜晴潦皆非所
計麥性食水甚少北土中春再沐雨水一升則秀華成
嘉粒矣荆揚以南唯患霉雨倘成熟之時晴乾旬日則
倉廩皆盈不可勝食揚州諺云寸麥不怕尺水謂麥初
長時任水滅頂無傷尺麥只怕寸水謂成熟時寸水軟
根倒莖沾泥則麥粒盡爛于地面也江南有雀一種有

肉無骨飛食麥田數盈千萬然不廣及罹害者數十里而止江北蝗生則大祲之歲也

黍稷　粱粟

凡糧食米而不粉者種類甚多相去數百里則色味形質隨方而變大同小異千百其名北人唯以大米呼粳稻而其餘槩以小米名之凡黍與稷同類粱與粟同類黍有粘有不粘粘者爲酒稷有粳無粘凡粘黍粘粟統名曰秫非二種外更有秫也黍色赤白黄黑皆有而或專以黑色爲稷未是至以稷米爲先他穀熟堪供祭祀則當

以早熟者爲稷則近之矣凡黍在詩書有虋芑秬秠等名在今方語有牛毛燕頷馬革驢皮稻尾等名種以三月爲上時五月熟四月爲中時七月熟五月爲下時八月熟揚花結穗總與來牟不相見也凡黍粒大小總視土地肥磽時令害育宋儒拘定以某方黍定律未是也凡粟與粱統名黄米粘粟可爲酒而蘆粟一種名曰高粱者以其身高七尺如蘆荻也粱粟種類名號之多視黍稷猶甚其命名或因姓氏山水或以形似時令揔之不可枚舉山東人唯以穀子呼之併不知粱粟之名也

已上四米皆春種秋穫耕耨之法與來牟同而種收之候則相懸絕云

麻

凡麻可粒可油者惟火麻胡麻二種胡麻卽脂麻相傳西漢始自大宛來古者以麻爲五穀之一若專以火麻當之義豈有當哉竊意詩書五穀之麻或其種已滅或卽菽粟之中別種而漸訛其名號皆未可知也今胡麻味美而功高卽以冠百穀不爲過火麻子粒壓油無多皮爲疏惡布其値幾何胡麻數龠充腸移時不餧粔餌

餳餳得粘其粒味高而品貴其爲油也髮得之而澤腹得之而膏腥羶得之而芳毒厲得之而解農家能廣種厚實可勝言哉種胡麻法或治畦圃或壟田畝土碎草淨之極然後以地灰微濕拌勻麻子而撒種之早者三月種遲者不出大暑前早種者花實亦待中秋乃結莢草之功唯鋤是視其色有黑白赤三者其結角長寸許有四稜者房小而子少八稜者房大而子多皆因肥瘠所致非種性也收子榨油每石得四十觔餘其枯用以肥田若饑荒之年則留供人食

菽

凡菽種類之多與稻黍相等播種收穫之期四季相承果腹之功在人日用盖與飲食相終始　一種大豆有黑黄兩色下種不出清明前後黄者有五月黄六月爆冬黄三種五月黄收粒少而冬黄必倍之黑者刻期八月收淮北長征騾馬必食黑豆筋力乃强凡大豆視土地肥磽耨草勤怠雨露足慳分收入多少凡爲豉爲醬爲腐皆大豆中取質焉江南又有高脚黄六月刈早稻方再種九十月收穫江西吉郡種法甚妙其刈稻田竟

不耕墾每禾藁頭中拈豆三四粒以指扱之其藁凝露水以滋豆豆性克發復侵爛藁根以滋已生苗之後遇無雨亢乾則汲水一升以灌之一灌之後再耨之餘収穫甚多凡大豆入土未出芽時妨鳩雀害驅之惟人

一種緑豆圓小如珠緑豆必小暑方種未及小暑而種則其苗蔓延數尺結莢甚稀若過期至于處暑則隨時開花結莢顆粒亦少豆種亦有二一曰摘緑莢先老者先摘人逐日而取之一曰拔緑則至期老足竟畆拔取也凡緑豆磨澄晒乾爲粉盪片搓索食家珍貴做粉溲

漿灌田甚肥凡畜藏綠豆種子或用地灰石灰或用馬
蓼或用黄土拌收則四五月間不愁空蛀勤者逢晴頻
晒亦免蛀凡巳刈稻田夏秋種綠豆必長接斧柄擊碎
土塊發生乃多凡種綠豆一日之内遇大雨扳土則不
復生既生之後妨雨水浸疏溝澮以洩之凡耕綠豆及
大豆田地耒耜欲淺不宜深入盖豆質根短而苗直耕
土既深土塊曲壓則不生者半矣深耕二字不可施之
菽類此先農之所未發者　一種豌豆此豆有黑斑點
形圓同綠豆而大則過之其種十月下來年五月收凡

樹木葉遲者其下亦可種　一種蠶豆其莢似蠶形豆粒大于大豆八月下種來年四月收西浙桑樹之下遍繁種之盖凡物樹葉遮露則不生此豆與豌豆樹葉茂時彼已結莢而成實矣襄漢上流此豆甚多而賤果腹之功不啻黍稷也　一種小豆赤小豆入藥有奇功白小豆（一名飯豆）當飧助嘉穀夏至下種九月收穫種盛江淮之間　一種穭（音呂）豆此豆古者野生田間今則北土盛種成粉盪皮可敵綠豆燕京負販者終朝呼穭豆皮則其產必多矣　一種白藊豆乃沿籬蔓生者一名蛾眉

豆其他豇豆虎斑豆刀豆與大豆中分青皮褐色之類間繁一方者猶不能盡述皆充蔬代穀以粒烝民者博物者其可忽諸

乃服第二卷

宋子曰人爲萬物之靈五官百體賅而存焉貴者
裳煌煌山龍以治天下賤者裋褐枲裳冬以禦寒夏以
蔽體以自別于禽獸是故其質則造物之所具也屬草
木者爲枲麻苘葛屬禽獸與昆蟲者爲裘褐絲綿各載
其半而裳服充焉矣天孫機杼傳巧人間從本質而見
花因繡濯而得錦乃杼柚遍天下而得見花機之巧者
能幾人哉治亂經綸字義學者童而習之而終身不見
其形像豈非缺憾也先列飼蠶之法以知絲源之所自

蓋人物相麗貴賤有章天實爲之矣

蠶種

凡蛹變蠶蛾旬日破繭而出雌雄均等雌者伏而不動雄者兩翅飛撲遇雌即交交一日半日方解解脫之後雄者中枯而死雌者即時生卵承藉卵生者或紙或布隨方所用（嘉湖用桑皮厚紙來年尚可再用）一蛾計生卵二百餘粒自然粘于紙上粒粒勻鋪天然無一堆積蠶主收貯以待來年

蠶浴

凡蠶用浴法唯嘉湖兩郡湖多用天露石灰嘉多用鹽鹵水每蠶紙一張用鹽倉走出鹵水二升參水浸于盂内紙浮其面（石灰做此）逢臘月十二即浸浴至二十四日計十二日周即漉起用微火烘乾從此珍重箱匣中半點風濕不受直待清明抱產其天露浴者時日相同以篾盤盛紙攤開屋上四隅小石鎮壓任從霜雪風雨雷電滿十二日方收珍重待時如前法蓋低種經浴則自死不出不費葉故且得絲亦多也晚種不用浴

種忌

凡蠶紙用竹木四條爲方架高懸透風避日梁枋之上

其下忌桐油烟煤火氣冬月忌雪映一映即空遇大雪

下時即忙收貯明日雪過依然懸掛直待臘月浴藏

種類

凡蠶有早晚二種晚種每年先早種五六日出（川中者不同）

結繭亦在先其繭較輕三分之一若早蠶結繭時彼已

出蛾生卵以便再養矣（晚蛹戒不宜食）凡三樣浴種皆謹視原

記如一錯誤或將天露者投鹽浴則盡空不出矣凡繭

色唯黃白二種川陝晉豫有黃無白嘉湖有白無黃

將白雄配黃雌則其嗣變成褐繭黃絲以豬胰漂洗亦成白色但終不可染漂白桃紅二色凡繭形亦有數種晩繭結成亞腰葫盧樣天露繭尖長如榧子形又或圓扁如核桃形又一種不忌泥塗葉者名爲賤蠶得絲偏多凡蠶形亦有純白虎斑純黑花紋數種吐絲則同今寒家有將早雄配晩雌者幻出嘉種一異也野蠶自爲繭出青州沂水等地樹老即自生其絲爲衣能禦雨及垢汚其蛾出即能飛不傳種紙上他處亦有但稀少耳

抱養

凡清明逝三日蠶lot卽不假衣衾煖氣自然生出蠶室
宜向東南周圍用紙糊風隙上無棚板者宜頂格值寒
冷則用炭火于室內助煖凡初乳蠶將桑葉切爲細條
切葉不束稻麥藁爲之則不損刀摘葉用甕壜盛不欲
風吹枯悴二眠以前騰筐方法皆用尖圓小竹快提過
二眠以後則不用筯而手指可拈矣凡騰筐勤苦皆視
人工怠于騰者厚葉與糞濕蒸多致壓死凡眠齊時皆
吐絲而後眠若騰過須將舊葉些微揀淨若粘帶絲纏
葉在中眠起之時恐其卽食一口則其病爲脹死三眠

已過若天氣炎熱急宜撤出寬凉所亦忌風吹死大眠後計上葉十二飡方勝太勤則絲糙

一養忌

凡蠶畏香復畏臭若焚骨灰淘毛圍者順風吹來多致觸死隔壁煎鮑魚宿脂亦或觸死竈燒煤炭爐爇沉檀亦觸死懶婦便器搖動氣侵亦有損傷若風則偏忌西南西南風太勁則有合箔皆殭者凡臭氣觸來急燒殘桑葉烟以抵之

葉料

凡桑葉無土不生嘉湖用枝條垂壓今年視桑樹傍生
條用竹鉤掛臥逐漸近地面至冬月則抛土壓之來春
每節生根則剪開他栽其樹精華皆聚葉上不復生葚
與開花矣欲葉便剪摘則樹至七八尺即斬截當頂葉
則婆娑可扳伐不必乘梯緣木也其他用子種者立夏
桑葚紫熟時取來用黄泥水搓洗併水澆于地面本秋
即長尺餘來春移栽倘灌糞勤勞亦易長茂但間有生
葚與開花者則葉最薄少耳又有花桑葉薄不堪用者
其樹接過亦生厚葉也又有柘葉三種以濟桑葉之窮

柘葉浙中不經見川中最多寒家用浙種桑葉窮時仍啖柘葉則物理一也凡琴弦弓弦絲用柘養蠶名曰棘繭謂最堅韌凡取葉必用剪鐵剪出嘉郡桐鄉者最犀利他鄉未得其利剪枝之法再生條次月葉愈茂取資既多人工復便凡再生條葉仲夏以養晚蠶則止摘葉而不剪條二葉摘後秋來三葉復茂浙人聽其經霜自落片片掃拾以飼綿羊大獲絨氊之利

食忌

凡蠶大眠以後徑食濕葉雨天摘來者任從鋪地加食

晴日摘來者以水洒濕而飼之則絲有光澤未大眠時

雨天摘葉用繩懸掛透風簷下時振其繩待風吹乾若

用手掌拍乾則葉焦而不滋潤他時絲亦枯色凡食葉

眠前必令飽足而眠眠起卽遲半日上葉無妨也霧天

濕葉甚壞蠶其晨有霧切勿摘葉待霧收時或晴或雨

方剪伐也露珠水亦待旴乾而後剪摘

病症

凡蠶卵中受病已詳前款出後濕熱積壓妨忌在人初

眠騰時用漆合者不可盖掩逼出炁水凡蠶將病則腦

上放光通身黄色頭漸大而尾漸小併及眠之時遊走

不眠食葉又不多者皆病作也急擇而去之勿使敗羣

凡蠶强美者必眠葉面壓在下者或力弱或性懶作繭

亦薄其作繭不知収法妄吐絲成濶窩者乃蠢蠶非懶

蠶也

老足

凡蠶食葉足候只爭時刻自卵出𡜋多在辰巳二時故

老足結繭亦多辰巳二時老足者喉下兩顙通明捉時

嫩一分則絲少過老一分又吐去絲繭殻必薄捉者眼

法高一隻不差方妙黑色蠶不見身中透光最難捉

結繭　山箔具圖

凡結繭必如嘉湖方盡其法他國不知用火烘聽蠶結出甚至叢稈之內箱匣之中火不經風不透故所爲屯漳等絹豫蜀等紬皆易朽爛若嘉湖產絲成衣卽入水浣濯百餘度其質尚存其法析竹編箔其下橫架料木約六尺高地下擺列炭火炭忌爆炸方圓去四五尺卽列火一盆初上山時火分兩略輕少引他成緒蠶戀火意卽時造繭不復緣走繭緒旣成卽每盆加火半斤吐出絲

來隨卽乾燥所以經久不壞也其繭室不宜樓板遮盖下欲火而上欲風凉也凡火頂上者不以爲種取種寧用火偏者其箔上山用麥稻藁斬齊隨手糾捩成山頓插箔上做山之人最宜手健箔竹稀疎用短藁畧鋪洒妨蠶跌墜地下與火中也

取繭

凡繭造三日則下箔而取之其壳外浮絲一名絲匡者湖郡老婦賤價買去每斤百文用銅錢墜打成線織成湖紬去浮之後其繭必用大盤攤開架上以聽治絲擴綿若

用厨箱掩盖则浥鬱而絲緒斷絶矣

物害

凡害蠶者有雀鼠蚊三種雀害不及繭蚊害不及早蠶鼠害則與之相終始防驅之智是不一法唯人所行也
雀屎粘葉蠶食之立刻死爛

擇繭

凡取絲必用圓正獨蠶繭則緒不亂若雙繭併四五蠶共爲繭擇去取綿用或以爲絲則粗甚

造綿

凡雙繭幷繅絲鍋底零餘倂出種繭殼皆緒斷亂不可爲絲用以取綿用稻灰水煑過（不宜石灰）傾入清水盆內手大指去甲淨盡指頭頂開四箇四四數足用拳頂開又四四十六拳數然後上小竹弓此莊子所謂洴澼絖也湖綿獨白淨清化者總緣手法之妙上弓之時惟取快捷帶水擴開若稍緩水流去則結塊不盡解而色不純白矣其治絲餘者名鍋底綿裝綿衣衾內以禦重寒謂之挾纊凡取綿人工難于取絲八倍竟日只得四兩餘用此綿墜打線織湖紬者價頗重以綿線登花機者名

曰花綿價尤重

治絲　繅車具圖

凡治絲先製絲車其尺寸器具開載後圖鍋煎極沸湯絲粗細視投繭多寡窮日之力一人可取三十兩若包頭絲則只取二十兩以其苗長也凡綾羅絲一起投繭二十枚包頭絲只投十餘枚凡繭滾沸時以竹簽撥動水面絲緒自見提緒入手引入竹針眼先繞星丁頭（以竹棍做成如香筒樣）然後由送絲干勾掛以登大關車斷絶之時尋緒丟上不必繞接其絲排勻不堆積者全在送絲干

與磨不之上川蜀絲車制稍異其法架横鍋上引四五緒而上兩人對尋鍋中緒然終不若湖制之盡善也凡供治絲薪取極燥無烟濕者則寶色不損絲美之法有六字一曰出口乾卽結繭時用炭火烘一曰出水乾則治絲登車時用炭火四五兩盆盛去車關五寸許運轉如風時轉轉火意照乾是曰出水乾也若晴光又風色則不用火

調絲

凡絲議織時最先用調透光簷端宇下以木架鋪地植竹四根于上名曰絡篤絲匡竹上其傍倚桯高八尺處

釘具斜安小竹偃月掛鈎懸搭絲于鈎內手中執籆旋纏以俟牽經織緯之用小竹墜石爲活頭接斷之時扳之即下

緯絡　紡車具圖

凡絲既籆之後以就經緯經質用少而緯質用多每絲十兩經四緯六此大畧也凡供緯籆以水沃濕絲搖車轉鋌而紡于竹管之上（竹用小箭竹）

經具　溜眼　掌扇　經耙　印架（皆有圖）

凡絲既籆之後牽經就織以直竹竿穿眼三十餘透過

筬圈名曰溜眼竿橫架柱上絲從圈透過掌扇然後纏繞經杷之上度數既足將印架綑卷既綑中以交竹二度一上一下間絲然後扱于筬內（此筬非織筬）扱筬之後以的杠與印架相望登開五七丈或過糊者就此過糊或不過糊就此卷于的杠穿綜就織

過糊

凡糊用麪觔內小粉爲質紗羅所必用綾紬或用或不用其染紗不存素質者用牛膠水爲之名曰清膠紗糊綮承于筬上推移染透推移就乾天氣晴明頃刻而燥

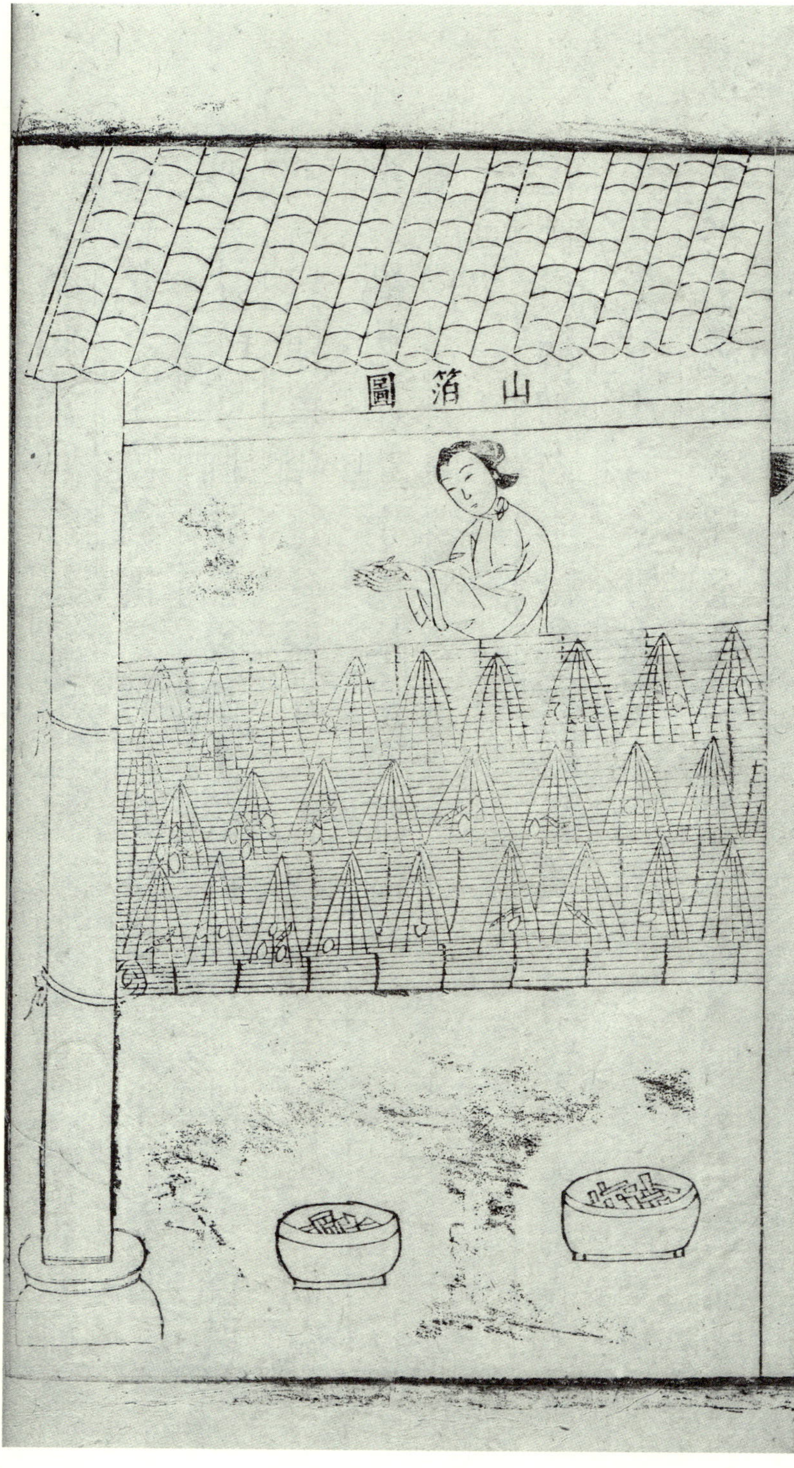

山箔圖

治絲圖

調絲
活套
絡篤

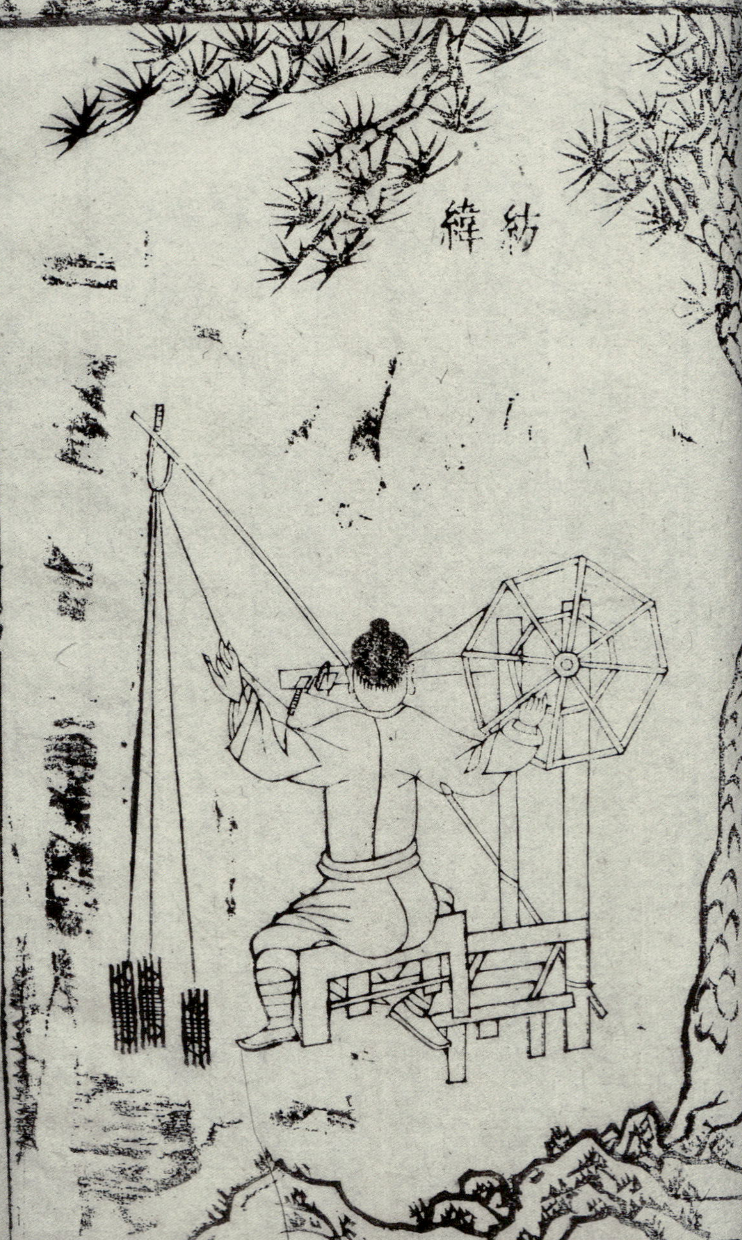
紡緯

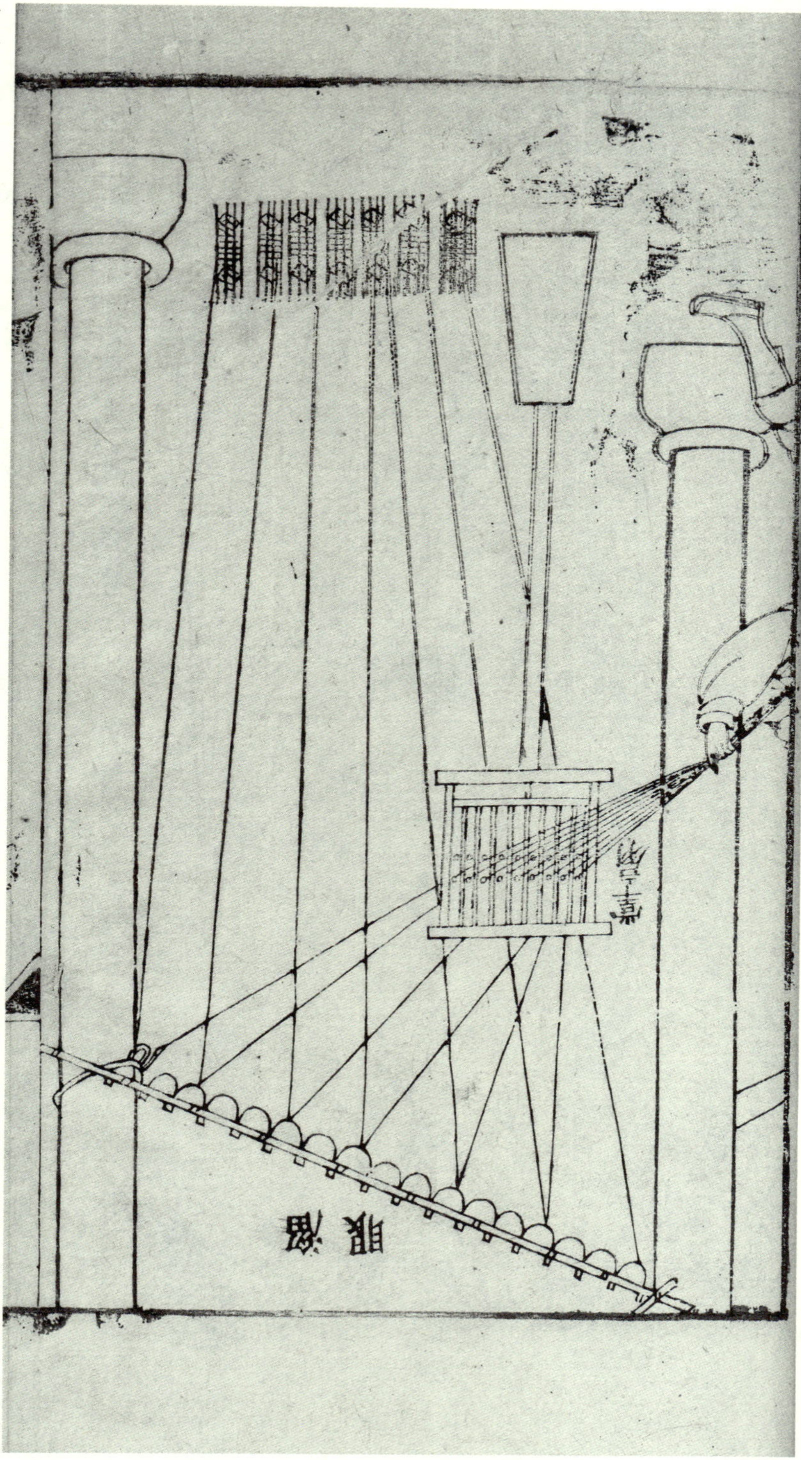

經耙
交頭

陰天必藉風力之吹也

邊維

凡帛不論綾羅皆别牽邊兩傍各二十餘縷邊縷必過糊用箆推移梳乾凡綾羅必三十丈五六十丈一穿以省穿接繁若每疋應截畫墨于邊縁之上卽知其丈尺之足邊縁不登的杠别繞機梁之上

經數

凡織帛羅紗箆以八百齒爲率綾絹箆以一千二百齒爲率每箆齒中度經過糊者四縷合爲二縷羅紗經計

三千二百縷綾紬經計五千六千縷古書八十縷爲一升今綾絹厚者古所謂六十升布也凡織花文必用嘉湖出口出水皆乾絲爲經則任從提挈不憂斷接他省者即勉强提花潦草而已

機式具全圖

凡花機通身度長一丈六尺隆起花樓中托衢盤下垂衢脚水磨竹棍爲之計一千八百根對花樓下堀坑二尺許以藏衢脚地氣濕者架棚二尺代之提花小廝坐立花樓架木上機末以的杠卷絲中用疊助木兩枝直穿二木約四尺長其尖插于

花機圖

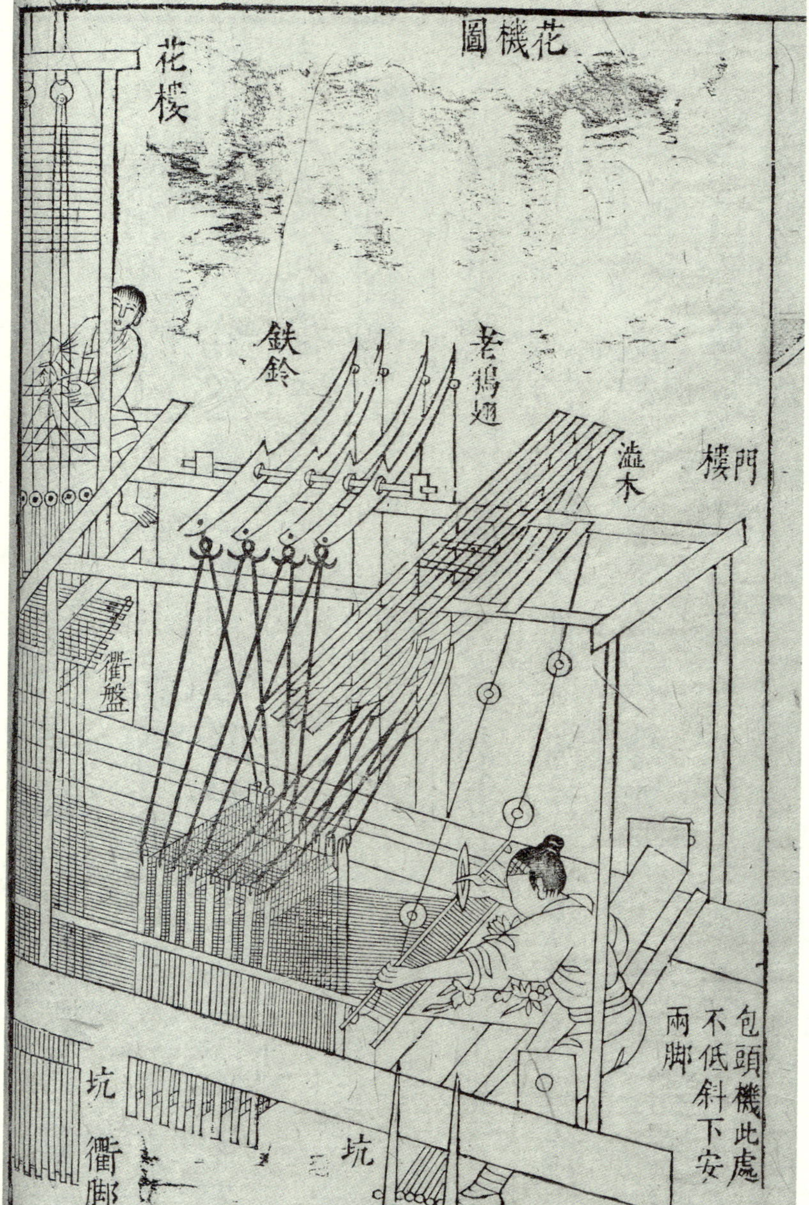

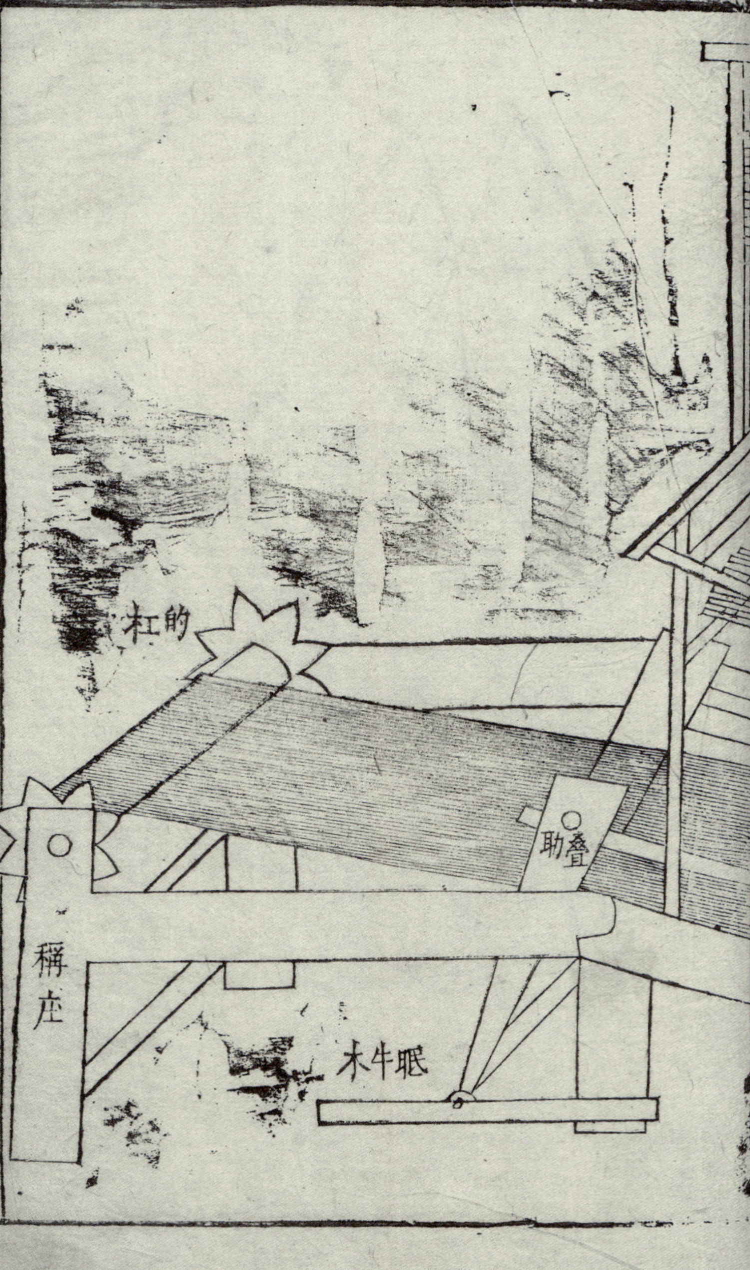
的杠
疊助
稱庄
眠牛木

腰機式圖

過糊
印架

簆兩頭疊助織紗羅者視織綾絹者减輕十餘觔方妙其素羅不起花紋與軟紗綾絹踏成浪梅小花者視素羅只加桄二扇一人踏織自成不用提花之人閒住花樓亦不設衢盤與衢脚也其機式兩接前一接平安自花樓向身一接斜倚低下尺許則疊助力雄若織包頭細軟則另爲均平不斜之機坐處鬭二脚以其絲微細防遏疊助之力也

腰機式 具圖

凡織杭西羅地等絹輕素等紬銀條巾帽等紗不必用

花機只用小機織匠以熟皮一方寘坐下其力全在腰尻之上故名腰機普天織葛苧棉布者用此機法布帛更整齊堅澤惜今傳之猶未廣也

花本

凡工匠結花本者心計最精巧畫師先畫何等花色于紙上結本者以絲線隨畫量度算計分寸杪忽而結成之張懸花樓之上即織者不知成何花色穿綜帶經隨其尺寸度數提起衢脚梭過之後居然花現盖綾絹以浮經而見花紗羅以糾緯而見花綾絹一梭一提紗羅

來梭提往梭不提天孫機杼人巧備矣

穿經

凡絲穿綜度經必用四人列坐過筘之人手執筘耙先插以待絲至絲過筘則兩指捏定足五七十筘則綰結之不亂之妙消息全在交竹即接斷就絲一扯即長數寸打結之後依還原度此絲本質自具之妙也

分名

凡羅中空小路以透風凉其消息全在軟綜之中衮頭兩扇打綜一軟一硬凡五梭三梭（最厚者七梭）之後踏起軟

綜自然料轉諸經空路不粘若平過不空路而仍稀者曰紗消息亦在兩扇衮頭之上直至織花綾紬則去此兩扇而用桄綜八扇凡左右手各用一梭交互織者曰縐紗凡單經曰羅地雙經曰絹地五經曰綾地凡花分實地與綾地綾地者光實地者暗先染絲而後織者曰緞（北土屯絹亦先染絲）就絲紬機上織時兩梭輕一梭重空出稀路者名曰秋羅此法亦起近代凡吳越秋羅閩廣懷素皆利搢紳當暑服屯絹則爲外官卑官遜別錦繡用也

熟練

凡帛織就猶是生絲煮練方熟練用稻藁灰入水煮以猪胰脂陳宿一晚入湯浣之寶色燁然或用烏梅者寶色略减凡早絲爲經晚絲爲緯者練熟之時每十兩輕去三兩經緯皆美好早絲輕化只二兩練後日乾張急以大蚌壳磨使乖鈍通身極力刮過以成寶色

龍袍

凡上供龍袍我朝局在蘇杭其花樓高一丈五尺能手兩人扳提花本織過數寸即换龍形各房鬬合不出一手赭黄亦先染絲工器原無殊異但人工慎重與資本

皆數十倍以效忠敬之誼其中節目微細不可得而詳
攷云

倭緞

凡倭段制起東夷漳泉海濱效法爲之絲質來自川蜀
商人萬里販來以易胡椒歸里其織法亦自夷國傳來
盖質已先染而斮綿夾藏經面織過數寸即刮成黑光
北虜互市者見而悅之但其帛最易朽汚冠弁之上頃
刻集灰衣領之間移日損壞今華夷皆賤之將來爲棄
物織法可不傳云

布衣　赶　彈　紡具圖

凡棉布禦寒貴賤同之棉花古書名枲麻種遍天下種有木棉草棉兩者花有白紫二色種者白居十九紫居十一凡棉春種秋花花先綻者逐日摘取取不一時其花粘子于腹登赶車而分之去子取花懸弓彈化（爲挾纊溫衾襖者就此止功）彈後以木板擦成長條以登紡車引緒糾成紗縷然後繞籰牽經就織凡訪工能者一手握三管紡于鋌上（捷則不堅）凡棉布寸土皆有而織造尚淞江漿染尚蕪湖凡布縷緊則堅緩則脆碾石取江北性冷質膩者

每塊佳者值十餘金石不發燒則縷緊不鬆泛蕪湖巨店首尚佳

石廣南爲布藪而偏取遠産必有所試矣爲衣敝浣猶

尚寒砧檮聲其義亦猶是也外國朝鮮造法相同惟西

洋則未覈其質併不得其機織之妙凡織布有雲花斜

文象眼等皆倣花機而生義然既曰布衣太素足矣織

機十室必有不必具圖

赶棉
火烘

彈棉

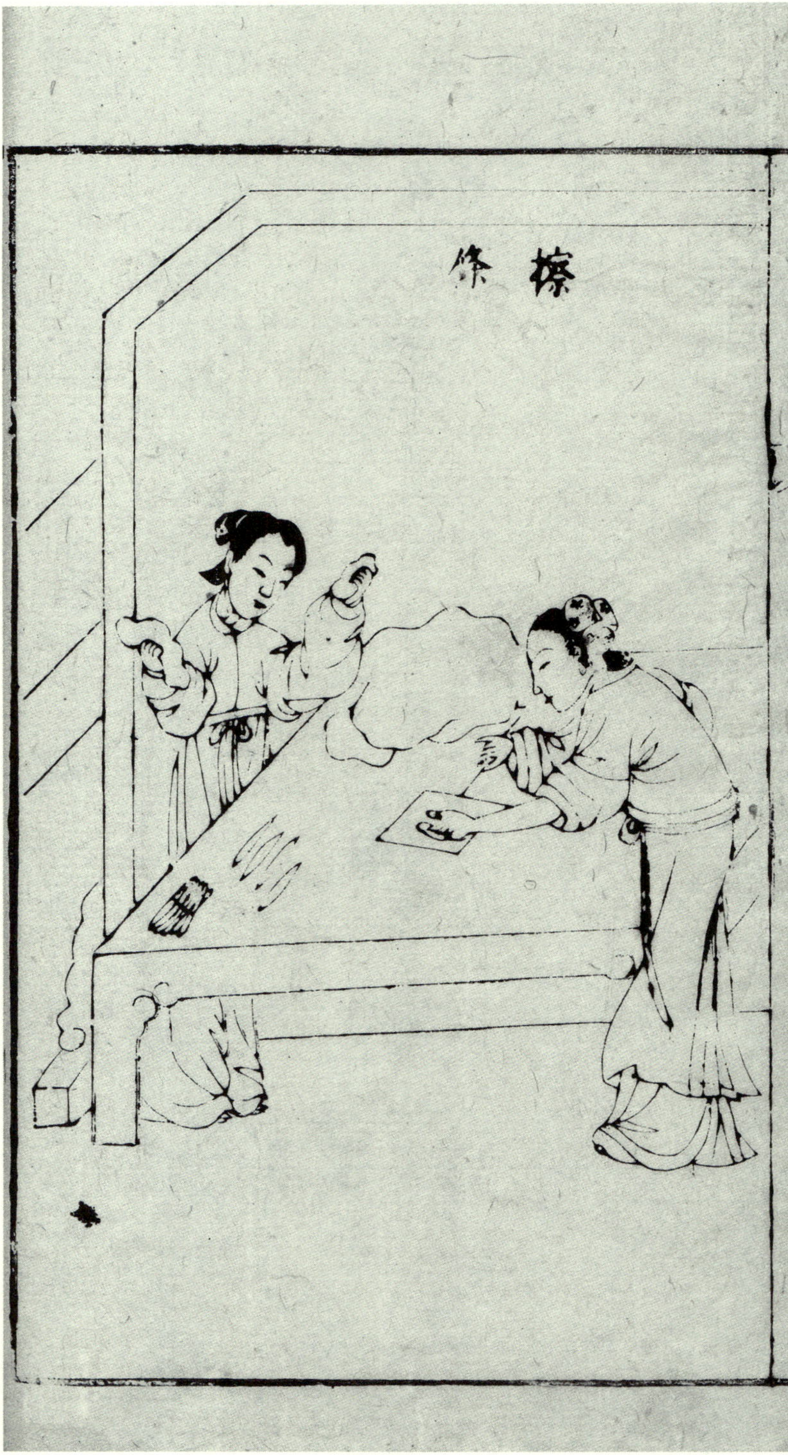
擦條

紡縷

枲著

凡衣衾挾纊禦寒百人之中止一人用繭綿餘皆枲著古縕袍今俗名胖襖棉花既彈化相衣衾格式而入裝之新裝者附體輕煖經年板緊煖氣漸無取出彈化而重裝之其煖如故

夏服

凡苧麻無土不生其種植有撒子分頭兩法（池郡每歲以草糞壓頭其根隨土而高廣南青麻撒子種田茂甚）色有青黃兩樣每歲有兩刈者有三刈者績為當暑衣裳帷帳凡苧皮剝取後喜日燥

乾見水即爛破析時則以水浸之然只耐二十刻久而

不析則亦爛苧質本淡黃漂工化成至白色先用稻灰石灰水煮過入長流水再漂再晒以成至白

紡苧紗能者用脚車一女工併敵三

工惟破析時窮日之力只得三五銖重織苧機具與織

棉者同凡布衣縫線革履串繩其質必用苧糾合凡葛

蔓生質長于苧數尺破析至細者成布貴重又有蕳麻

一種成布甚粗最粗者以充喪服即苧布有極粗者漆

家以盛布灰大內以充火炬又有蕉紗乃閩中取芭蕉

皮析緝爲之輕細之甚值賤而質枵不可爲衣也

裘

凡取獸皮製服統名曰裘貴至貂狐賤至羊麂值分百

等貂產遼東外徼建州地及朝鮮國其鼠好食松子夷

人夜伺樹下屏息悄聲而射取之一貂之皮方不盈尺

積六十餘貂僅成一裘服貂裘者立風雪中更煖于宇

下眯入目中拭之即出所以貴也色有三種一白者曰

銀貂一純黑一黯黄黑而毛長者近值一帽套巳五十金凡狐貉亦產燕

齊遼汴諸道純白狐腋裘價與貂相倣黄褐狐裘值貂

五分之一禦寒温體功用次于貂凡關外狐取毛見底

青黑中國者吹開見白色以此分優劣羊皮裘毋賤子

貴在腹者名曰胞羔（毛文畧具）初生者名曰乳羔（皮上毛似耳環脚）

三月者曰跑羔七月者曰走羔（毛文漸直）胞羔乳羔爲裘不

羶古者羔裘爲大夫之服今西北搢紳亦貴重之其老

大羊皮硝熟爲裘裘質癡重則賤者之服耳然此皆綿

羊所爲若南方短毛革硝其鞟如紙薄止供畫燈之用

而已服羊裘者腥羶之氣習久而俱化南方不習者不

堪也然寒凉漸殺亦無所用之麂皮去毛硝熟爲襖褲

禦風便體襪靴更佳此物廣南繁生外中土則積集楚

中望華山爲市皮之所麂皮且禦蝎患比人製衣而外割條以緣衾邊則蝎自遠去虎豹至文將軍用以彰身犬豕至賤役夫用以適足西戎尚獺皮以爲毳衣領飾襄黃之人窮山越國射取而遠貨得重價爲殊方異物如金絲猿上用爲帽套拙里猻御服以爲袍皆非中華物也獸皮衣人此其大畧方物則不可殫述飛禽之中有取鷹腹鴈脇毳毛殺生盈萬乃得一裘名天鵝絨者將焉用之

褐　氈

凡綿羊有二種一曰蓑衣羊剪其毳爲氈爲絨片帽襪
遍天下胥此出焉古者西域羊未入中國作褐爲賤者
服亦以其毛爲之褐有粗而無精今日粗褐亦間出此
羊之身此種自徐淮以北州郡無不繁生南方唯湖郡
飼畜綿羊一歲三剪毛（夏季希華不生）每羊一隻歲得絨襪料
三雙生羔牝牡合數得二羔故北方家畜綿羊百隻則
歲入計百金云一種矞芳羊（番語）唐末始自西域傳來外
毛不甚蓑長內毳細軟取織絨褐秦人名曰山羊以別
于綿羊此種先自西域傳入臨洮今蘭州獨盛故褐之

細者皆出蘭州一曰蘭絨番語謂之孤古絨從其初號

也山羊毳絨亦分兩等一曰搊絨用梳櫛搊下打線織

帛曰褐子把子諸名色一曰拔絨乃毳毛精細者以兩

指甲逐莖擣下打線織絨褐此褐織成揩面如絲帛滑

膩每人窮日之力打線只得一錢重費半載工夫方成

匹帛之料若搊絨打線日多拔絨數倍凡打褐絨線冶

鉛爲錘墜于緒端兩手宛轉搓成凡織絨褐機大于布

機用綜八扇穿經度縷下施四踏輪踏起經隔二拋緯

故織出文成斜現其梭長一尺二寸機織羊種皆彼時

歸夷傳來名姓再詳故至今織工皆其族類中國無與也凡綿羊剪毳粗者爲氈細者爲絨氈皆煎燒沸湯投于其中搓洗俟其粘合以木板定物式鋪絨其上運軸赶成凡氈絨白黑爲本色其餘皆染色其氈俞氈魚骨等名稱皆華夷各方語所命若最粗而爲毯者則駑馬諸料雜錯而成非專取料于羊也

彰施第三卷

宋子曰：霄漢之間雲霞異色，閻浮之內花葉殊形。天垂象而聖人則之，以五采彰施于五色，有虞氏豈無所用其心哉？飛禽衆而鳳則丹，走獸盈而麟則碧。夫林林青衣，望闕而拜黃朱也，其義亦猶是矣。老子曰：甘受和，白受采。世間絲麻裘褐皆具素質，而使殊顏異色得以尚焉，謂造物不勞心者，吾不信也。

諸色質料

大紅色　其質紅花餅一味，用烏梅水煎出，又用鹼水澄數次，或稻藁灰代鹼，功用亦同。澄得多次，色則

鮮甚染房討便宜者先染蘆木打脚凡紅花最忌沉麝袍服與衣香共收旬月之間其色即毀凡紅花染帛之後若欲退轉但浸濕所染帛以鹼水稻灰水滴上數十點其紅一毫收轉仍還原質所收之水藏于綠豆粉內放出染紅半滴不耗染家以爲秘訣不以告人

蓮紅桃紅色銀紅水紅色以上質亦紅花餅一味淺深分兩加減而成是四色皆非黄繭絲所可爲必用白絲方現

木紅色用蘇木煎水入明礬棓子

紫色蘇木爲地青礬尚之

赭黄色制未詳

鵝黄色黄蘗煎水染靛水蓋上

金黄色蘆木煎水染復用麻藁灰淋鹼水漂

茶褐色蓮子殼煎水染復用青礬水蓋

大紅官綠色槐花煎水染藍澱蓋淺深皆用明礬

豆綠色黄蘗水染靛水蓋今用小葉莧藍煎水蓋者名草豆綠色甚鮮

油綠色槐花薄染青礬蓋

天青色入靛缸淺染蘇木水蓋

蒲萄青色入靛缸深染蘇木水深蓋

蛋青色黄蘗水染然後入靛缸

翠藍天藍二色俱靛

水分深淺　**玄色**靛水染深青蘆木楊梅皮等分煎水蓋又一法將藍芽葉水浸然後下青礬梔子同浸令布帛易朽　**月白草白二色**俱靛水微染今法用莧藍煎水半生半熟染　**象牙色**蘆木煎水薄染或用黃土　**藕褐色**蘇木水薄染入蓮子殼青礬水薄蓋　**附染包頭青色**此黑不出藍靛用栗殼或蓮子殼煎煮一日漉起然後入鐵砂皂礬鍋內再煮一宵即成深黑色　**附染毛青布色法**布青初尚蕪湖千百年矣以其漿碾成青光邊方外國皆貴重之人情久則生厭毛青乃出近代其法取淞江美布染成深青不復漿碾吹乾用膠水參豆漿水一過先蓄好靛名曰標𦁐入內薄染即起紅焰之色隱然此布一時重用

藍澱

凡藍五種皆可為澱茶藍即菘藍插根活蓼藍馬藍吳

藍等皆撒子生近又出蓼藍小葉者俗名莧藍種更佳

凡種茶藍法冬月割穫將葉片片削下入窖造澱其身斬去上下近根留數寸薰乾埋藏土內春月燒淨山土使極肥鬆然後用錐鋤其鋤勾末向身長八寸許刺土打斜眼揷入一于內自然活根生葉其餘藍皆汲子撒種畦圃中暮春生苗六月採實七月刈身造澱凡造澱葉與莖多者入窖少者入桶與缸水浸七日其汁自來每水漿壹石下石灰五升攪衝數十下澱信即結水性定時澱澄于底

近來出產閩人種山皆茶藍其數倍于諸藍山中結箬

蔞輸入舟舡其掠出浮沫晒乾者曰靛花凡靛入甖必用稻灰水先和每日手執竹棍攪動不可計數其最佳者曰標甖

紅花

紅花場圃撒子種二月初下種若太早種者苗高尺許卽生蟲如黑蟻食根立斃凡種地肥者苗高二三尺每路打撅縳繩横闌以備狂風拗折若瘦地尺五以下者不必爲之紅花入夏卽放綻花下作梂彙多刺花出梂上採花者必侵晨帶露摘取若日高露旰其花卽已結

閉成實不可採矣其朝陰雨無露放花較少旰摘無防以無日色故也紅花逐日放綻經月乃盡入藥用者不必製餅若入染家用者必以法成餅然後用則黃汁淨盡而眞紅乃現也其子煎壓出油或以銀箔貼扇面用此油一刷火上照乾立成金色

造紅花餅法

帶露摘紅花擣熟以水淘布袋絞去黃汁又擣以酸粟或米泔清又淘又絞袋去汁以青蒿覆一宿捏成薄餅陰乾收貯染家得法我朱孔揚所謂猩紅也染紙吉禮用亦必用

附燕脂

燕脂古造法以紫鉚染綿者爲上紅花汁及山榴花汁
者次之近濟寧路但取染殘紅花滓爲之值甚賤其滓
乾者名曰紫粉丹青家或收用染家則糟粕棄也

槐花

凡槐樹十餘年後方生花實花初試未開者曰槐蕊綠
衣所需猶紅花之成紅也取者張度籠其下而承之
以水煮一沸漉乾捏成餅入染家用既放之花色漸入

黄收用者以石灰少許晒拌而藏之

粹精第四　卷

宋子曰天生五穀以育民美在其中有黃裳之意焉稻以糠為甲麥以麩為衣粟粱黍稷毛羽隱然播精而擇粹其道寧終秘也飲食而知味者食不厭精杵臼之利萬民以濟蓋取諸小過為此者豈非人貌而天者哉

攻稻　擊禾　軋禾　風車　水碓　石碾　臼　碓　篩　皆具圖

凡稻刈獲之後離稿取粒束稿於手而擊取者半聚稿於場而曳牛滾石以取者半凡束手而擊者受擊之物或用木桶或用石板收獲之時雨多霽少田稍交濕不

可登場者以木桶就田擊取晴霽稻乾則用石板甚便
也凡服牛曳石滚壓場中視人手擊取者力省三倍但
作種之穀恐磨去殼尖減削生機故南方多種之家塲
禾多藉牛力而來年作種者則寧向石板擊取也凡稻
最佳者九穰一秕倘風雨不時耘耔失節則六穰四秕
者容有之凡去秕南方盡用風車扇去北方稻少用颺
法卽以颺麥黍者颺稻蓋不若風車之便也凡稻去殼
用礱去膜用舂用碾然水碓主舂則兼併礱功燥乾之
穀入碾亦省礱也凡礱有二種一用木爲之截木尺許

質多用松斲合成大磨形兩扇皆鑿縱斜齒下合植筍穿貫上合空中受穀木礱攻米二千餘石其身乃盡凡木礱穀不甚燥者入礱亦不碎故入貢軍國漕儲千萬皆出此中也一土礱析竹匡圍成圈實潔淨黃土於內上下兩面各嵌竹齒上合篘空受穀其量倍于木礱穀稍滋濕者入其中即碎斷土礱攻米二百石其身乃朽凡木礱必用健夫土礱即孱婦弱子可勝其任庶民饔飧皆出此中也凡既礱則風扇以去糠秕傾入篩中團轉穀未剖破者浮出篩面重復入礱凡篩大者圍五尺小者

平之大者其中心偃隆而起健夫利用小者弦高二寸其中平坐婦子所需也凡稻米既篩之後入臼而舂臼亦兩種八口以上之家堀地藏石臼其上臼量大者容五斗小者半之橫木穿插碓頭（碓嘴冶鐵爲之用醋滓合上）足踏其末而舂之不及則粗太過則粉精糧從此出焉晨炊無多者斷木爲手杵其臼或木或石以受舂也既舂以後皮膜成粉名曰細糠以供犬豕之豢荒歉之歲人亦可食也細糠隨風扇播揚分去則膜塵淨盡而粹精見矣

凡水碓山國之人居河濱者之所爲也攻稻之法省人

力十倍人樂爲之引水成功即筒車灌田同一制度也
設臼多寡不一値流水少而地窄者或兩三臼流水洪
而地室寬者即並列十臼無憂也江南信郡水碓之法
巧絶盖水碓所愁者埋臼之地卑則洪潦爲患高則承
流不及信郡造法即以一舟爲地橛椿維之築土舟中
陷臼于其上中流微堰石梁而碓已造成不煩椓木壅
坡之力也又有一舉而三用者激水轉輪頭一節轉磨
成麵二節運碓成米三節引水灌于稻田此心計無遺
者之所爲也凡河濱水碓之國有老死不見礱者去糠

去膜皆以臼相終始惟風篩之法則無不同也凡礱砌石爲之承藉轉輪皆用石牛犢馬駒惟人所使盖一牛之力日可得五人但入其中者必極燥之穀稍潤則碎斷也

攻麥　颺　磨　羅具圖

凡小麥其質爲麵盖精之至者稻中再舂之米粹之至者麥中重羅之麪也小麥收穫時束藁擊取如擊稻法其去秕法北土用颺盖風扇流傳未遍率土也凡颺不在宇下必待風至而後爲之風不至雨不收皆不可爲

也凡小麥既颺之後以水淘洗塵垢淨盡又復晒乾然後入磨凡小麥有紫黄二種紫勝于黄凡佳者每石得麪一百二十觔劣者損三分之一也凡磨大小無定形大者用肥犍力牛曳轉其牛曳磨時用桐殼掩眸不然則眩䡴其腹繫桶以盛遺不然則穢也次者用驢磨觔兩稍輕又次小磨則止用人推挨者凡力牛一日攻麥二石驢半之人則强者攻三斗弱者半之若水磨之法其詳已載攻稻水碓中制度相同其便利又三倍于牛犢也凡牛馬與水磨皆懸袋磨上上寬下窄貯麥數斗

于中溜入磨眼人力所挨則不必也凡磨石有兩種麪品由石而分江南少粹白上麪者以石懷沙滓相磨發燒則其麩併破故黑纇參和麪中無從羅去也江北石性冷膩而產于池郡之九華山者美更甚以此石製磨石不發燒其麩壓至扁秕之極不破則黑疵一毫不入而麪成至白也凡江南磨二十日即斷齒江北者經半載方斷南磨破麩得麪百斤北磨只得八十斤故上麪之值增十之二然麪觔小粉皆從彼磨出則衡數已足得值更多焉凡麥經磨之後幾番入羅勤者不厭重復

羅匯之底用絲織羅地絹爲之湖絲所織者羅麵千石
不損若他方黃絲所爲經百石而已朽也凡麵既成後
寒天可經三月春夏不出二十日則鬱壞爲食適口貴
及時也凡大麥則就舂去膜炊飯而食爲粉者十無一
焉蕎麥則微加舂杵去衣然後或舂或磨以成粉而後
食之蓋此類之視小麥精粗貴賤大徑庭也

攻黍稷粟粱麻菽　小碾　枷　具圖

凡攻治小米颺得其實舂得其精磨得其粹風颺車扇
而外簸法生焉其法篾織爲圓盤鋪米其中擠勻揚播

輕者居前揲棄地下重者在後嘉實存焉凡小米舂磨
揚播制器已詳稻麥之中唯小碾一制在稻麥之外北
方攻小米者家置石墩中高邊下邊沿不開槽鋪米墩
上婦子兩人相向接手而碾之其碾石圓長如牛赶石
而兩頭插木柄米墮邊時隨手以小篲掃上家有此具
杵臼竟懸也凡胡麻刈穫于烈日中曬乾束為小把兩
手執把相擊麻粒綻落承藉以簟席也凡麻篩與米篩
小者同形而目密五倍麻從目中落葉殘角屑皆浮篩
上而棄之凡豆菽刈穫少者用枷多而省力者仍鋪塲

烈日晒乾牛曳石赶而壓落之凡打豆枷竹木竿爲柄
其端錐圓眼拴木一條長三尺許鋪豆于塲執柄而擊
之凡豆擊之後用風扇揚去莢葉篩以繼之嘉實洒然
入廩矣是故舂磨不及麻礎碾不及菽也

攻治成糧諸色圖

牛碾

濕田擊稻

塲稻

木礱

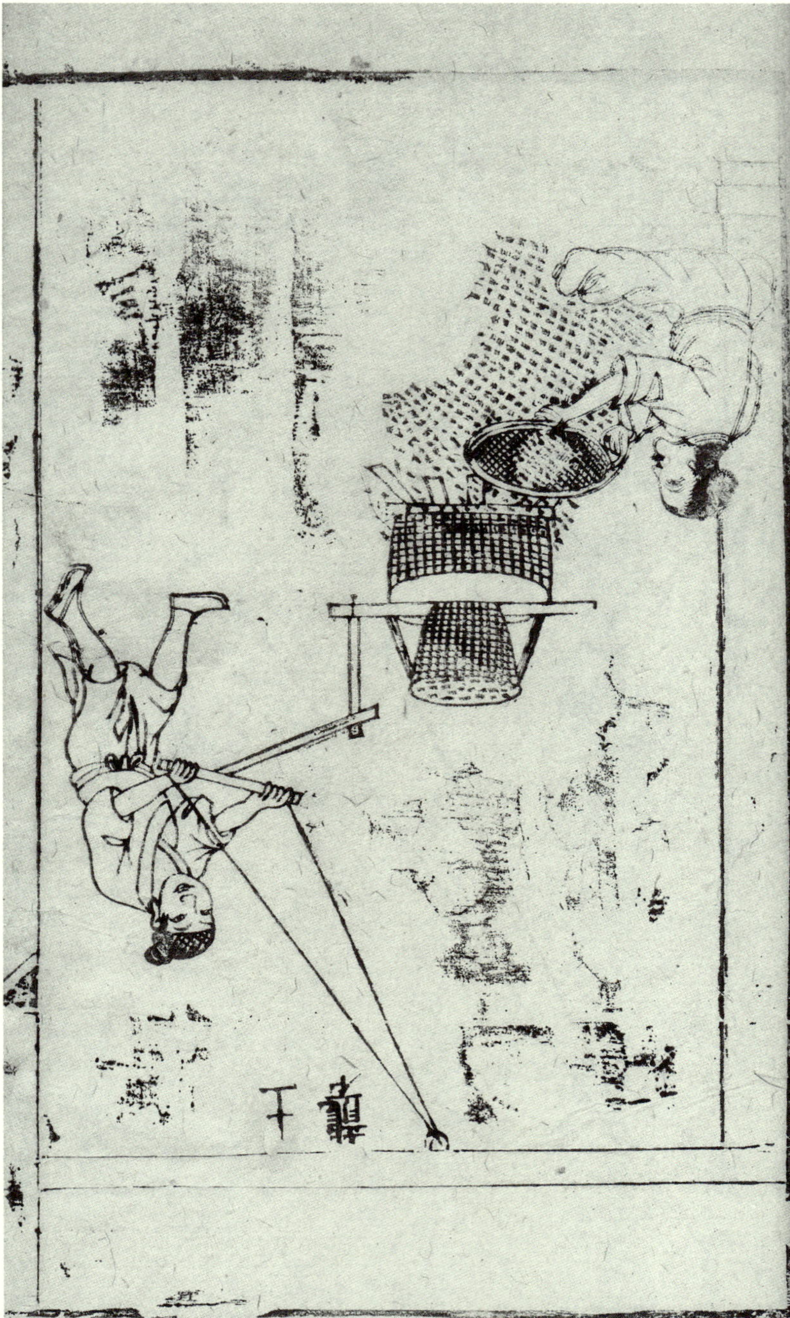

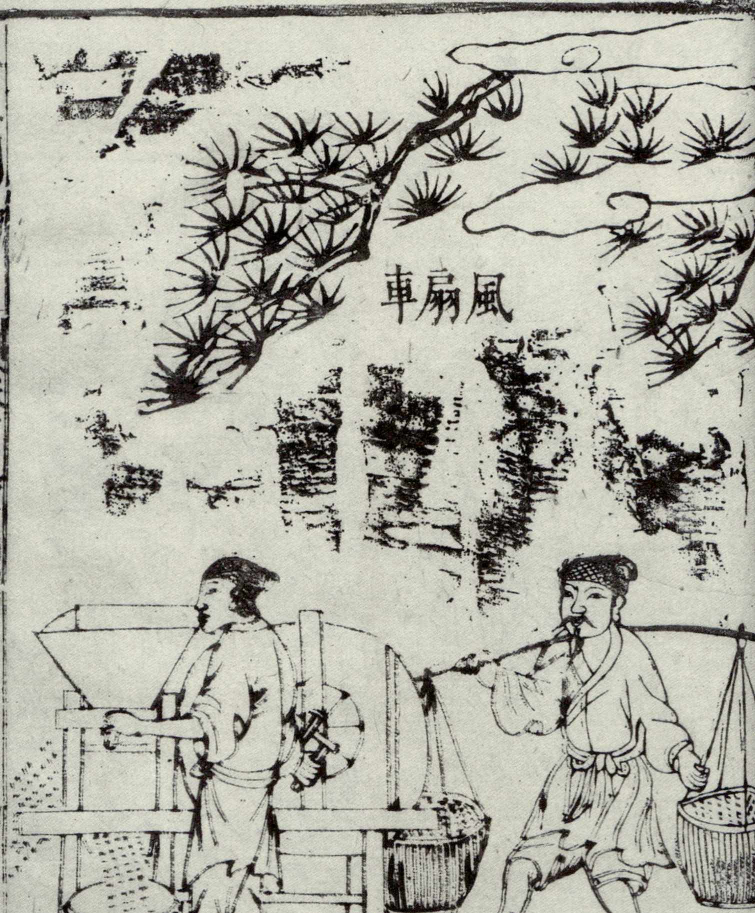
風扇車

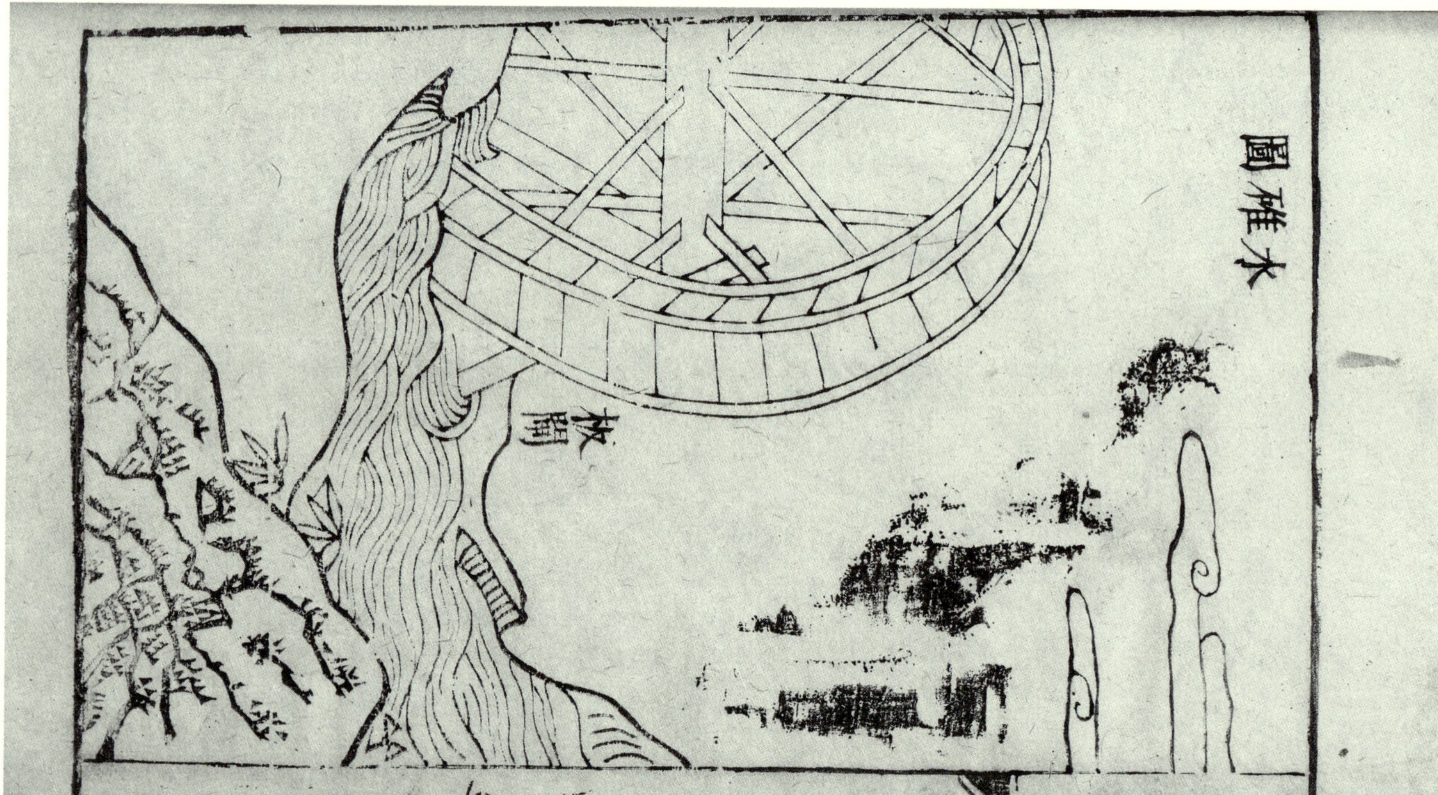

水碓圖

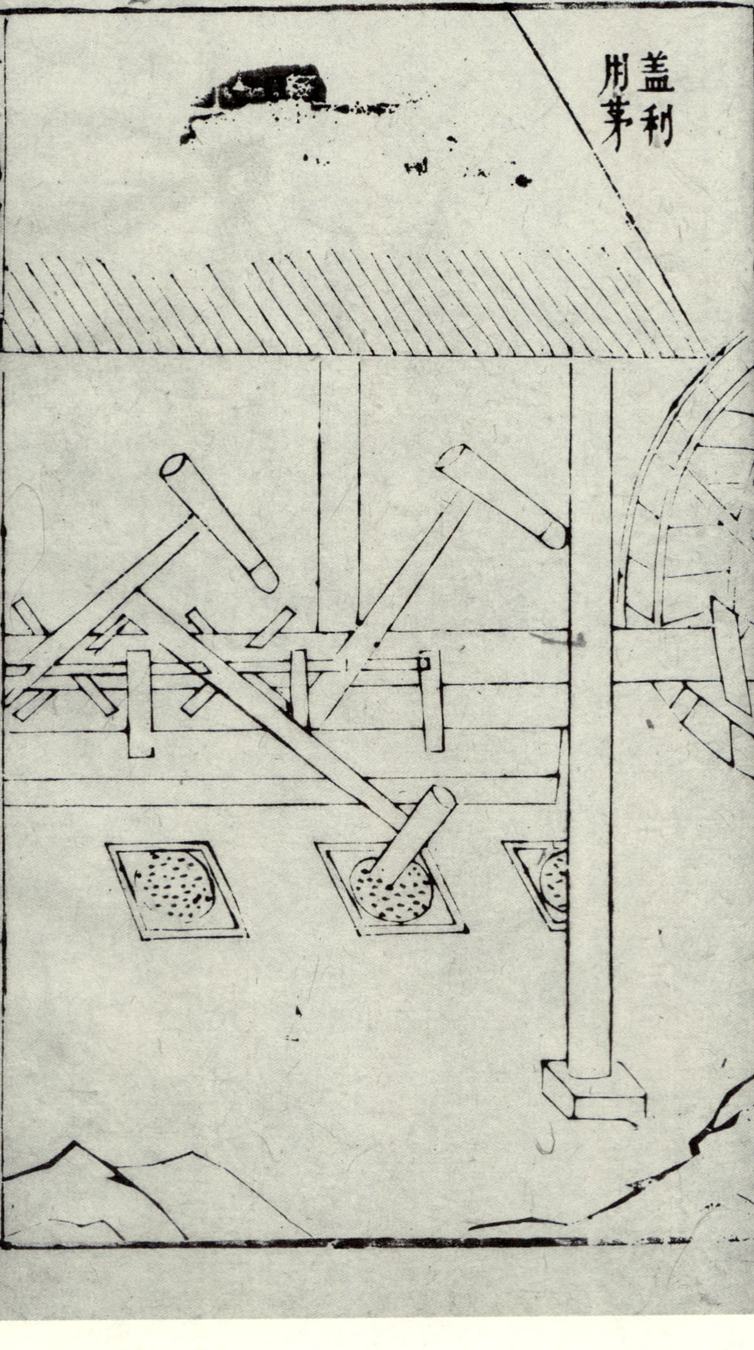
蓋利
用茅

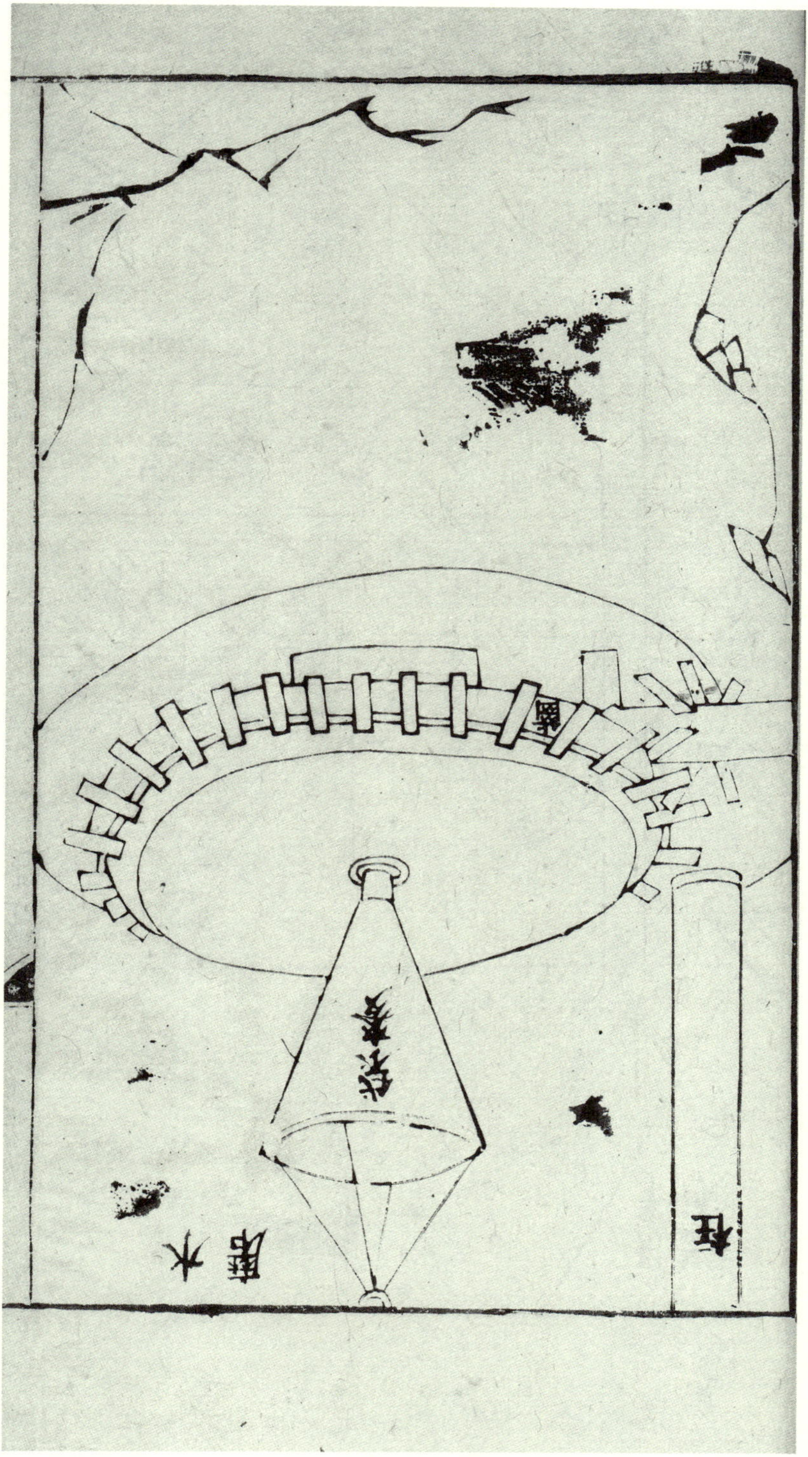
柱

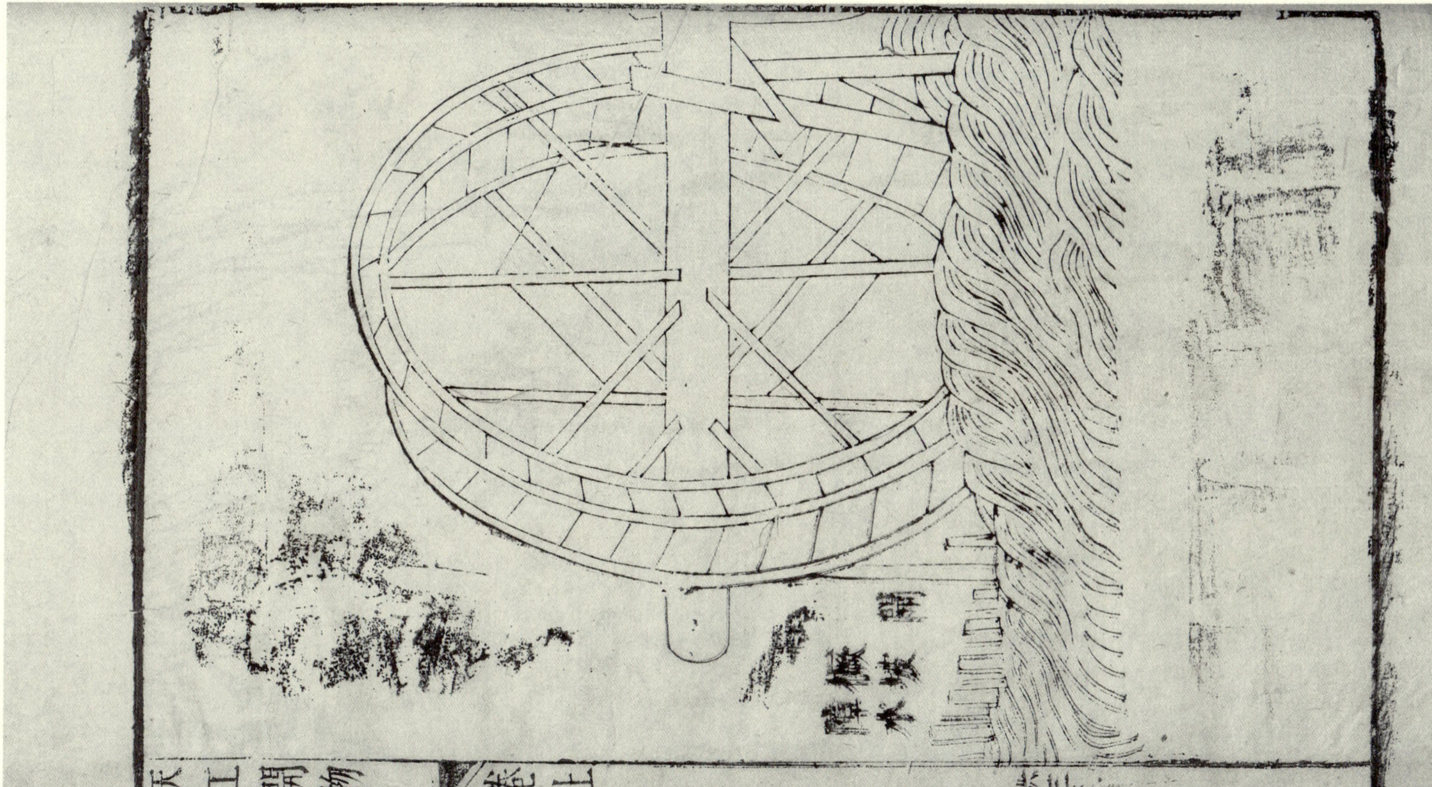

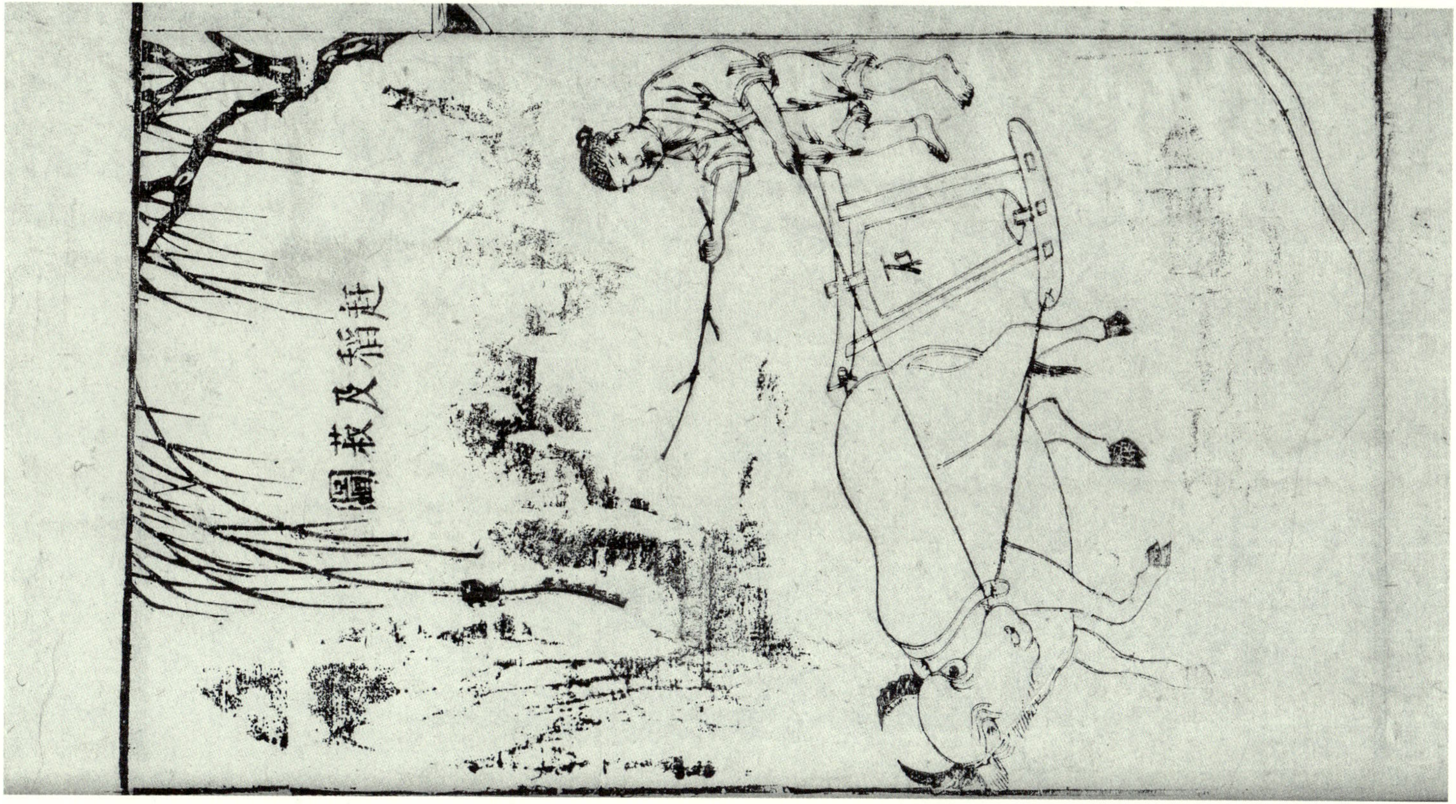

赶稻及菽圖

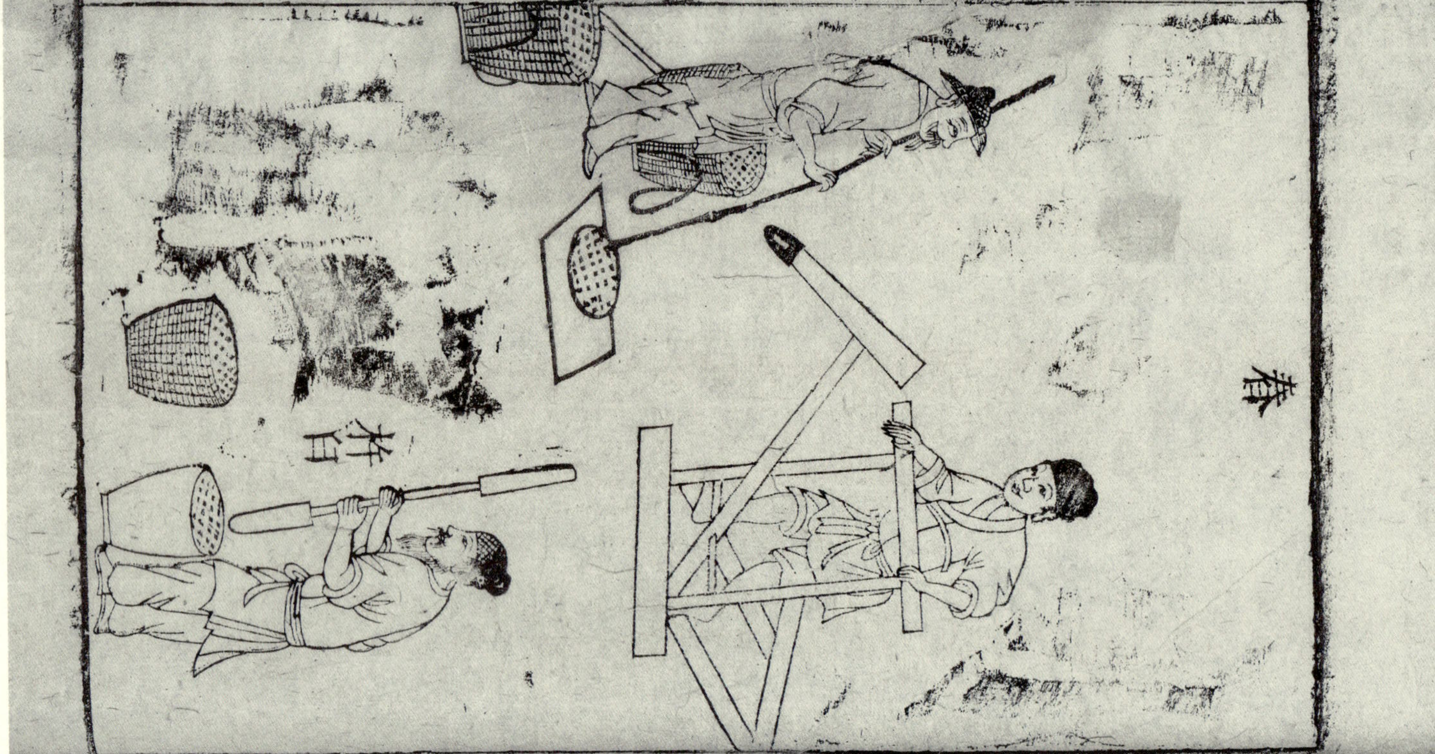
杵臼
舂

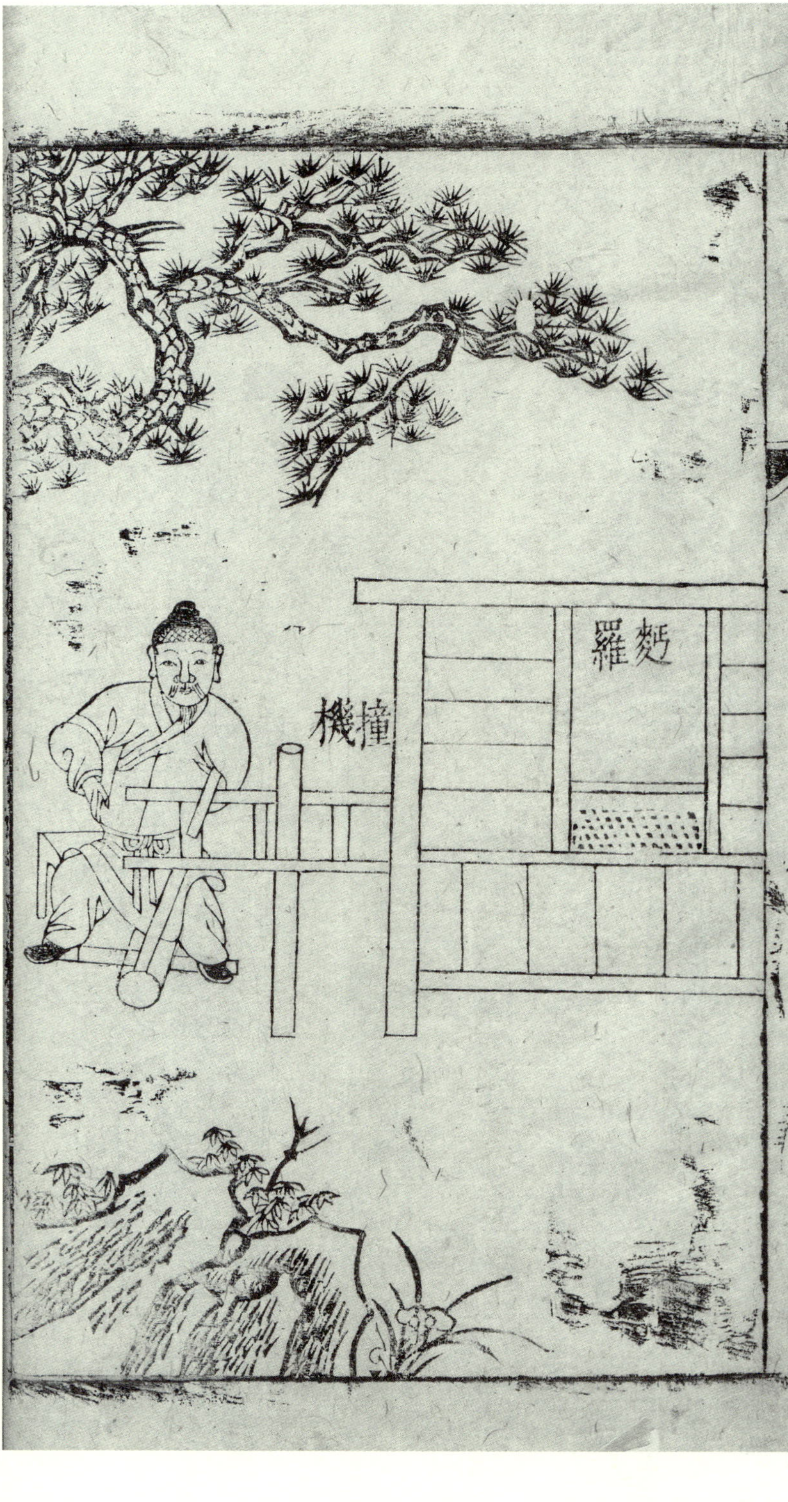
麪羅
撞機

小碾圖
粱粟稷黍皆用此碾

打柳圖

作鹹第五卷

宋子曰天有五氣是生五味潤下作鹹王訪箕子而首

聞其義焉口之于味也辛酸甘苦經年絶一無恙獨食

鹽禁戒旬日則縛雞勝匹倦怠懨然豈非天一生水而

此味爲生人生氣之源哉四海之中五服而外爲蔬爲

穀皆有寂滅之鄉而斥鹵則巧生以待孰知其以然

鹽產

凡鹽產最不一海池井土崖砂石略分六種而東夷樹

葉西戎光明不與焉赤縣之內海鹵居十之八而其二

爲井池土鹻或假人力或由天造總之一經舟車窮窘則造物應付出焉

海水鹽

凡海水自具鹹質海濱地高者名潮墩下者名草蕩地皆產鹽同一海鹵傳神而取法則異一法高堰地潮波不沒者地可種鹽種戶各有區畫經界不相侵越度詰朝無雨則今日廣佈稻麥藁灰及蘆茅灰寸許于地上壓使平匀明晨露氣衝騰則其下鹽茅勃發日中晴霽灰鹽一併掃起淋煎一法潮波淺被地不用灰壓候潮

一過明日天晴半日晒出鹽霜疾趨掃起煎煉一法逼海潮深地先堀深坑横架竹木上鋪席葦又鋪沙于葦席之上俟潮滅項衝過鹵氣由沙滲下坑中撤去沙葦以燈燭之鹵氣衝燈即滅取鹵水煎煉總之功在晴霽若淫雨連旬則謂之鹽荒又淮塲地面有日晒自然生霜如馬牙者謂之大晒鹽不由煎煉掃起即食海水順風飄來斷草勾取煎煉名蓬鹽凡淋煎法堀坑二个一淺一深淺者尺許以竹木架蘆席于上將掃來鹽料不論有灰無灰淋法皆同鋪于席上四圍隆起作一隄壋形中以海水

灌淋滲下淺坑中深者深七八尺受淺坑所淋之汁然
後入鍋煎煉凡煎鹽鍋古謂之牢盆亦有兩種制度其
盆周濶數丈徑亦丈許用鐵者以鐵打成葉片鐵釘栓
合其底平如盂其四周高尺二寸其合縫處一經鹵汁
結塞永無隙漏其下列竈燃薪多者十二三眼少者七
八眼共煎此盤南海有編竹爲者將竹編成濶丈深尺
糊以蜃灰附于釜背火燃釜底滚沸延及成鹽亦名鹽
盆然不若鐵葉鑲成之便也凡煎鹵未卽凝結將皂角
椎碎和粟米糠二味鹵沸之時投入其中攪和鹽卽頃

刻結成蓋皂角結鹽猶石膏之結腐也凡鹽淮揚場者質重而黑其他質輕而白以量較之淮場者一升重十兩則廣浙長蘆者只重六七兩凡蓬草鹽不可常期或數年一至或一月數至凡鹽見水即化見風即鹵見火愈堅凡収藏不必用倉廩鹽性畏風不畏濕地下疊藁三寸任從卑濕無傷周遭以土磚泥隙上盖茅草尺許百年如故也

池鹽

凡池鹽宇內有二一出寧夏供食邊鎮一出山西解池

供晉豫諸郡縣解池界安邑猗氏臨晉之間其池外有城堞周遭禁禦池水深聚處其色緑沉土人種鹽者池傍耕地爲畦隴引淸水入所耕畦中忌濁水參入卽淤澱鹽脉凡引水種鹽春間卽爲之久則水成赤色待夏秋之交南風大起則一宵結成名曰顆鹽卽古志所謂大鹽也以海水煎者細碎而此成粒顆故得大名其鹽凝結之後掃起卽成食味種鹽之人積掃一石交官得錢數十文而已其海豐深州引海水入池晒成者凝結之時掃食不加人力與解鹽同但成鹽時日與不藉南

風則大異也

井鹽

凡滇蜀兩省遠離海濵舟車艱通形勢高上其鹹脉卽

韞藏地中凡蜀中石山去河不遠者多可造井取鹽鹽

井周圓不過數寸其上口一小盂覆之有餘深必十丈

以外乃得鹵信故造井功費甚難其器冶鐵錐如碓嘴

形其尖使極剛利向石山舂鑿成孔其身破竹纏繩夾

懸此錐每舂深入數尺則又以竹接其身使引而長初

入丈許或以足踏碓稍如舂米形太深則用手捧持頓

下所舂石成碎粉隨以長竹接引懸鐵盞舀之而上大抵深者半載淺者月餘乃得一井成就盖井中空潤則鹵氣遊散不克結鹽故也井及泉後擇美竹長丈者鑿淨其中節留底不去其喉下安消息吸水入筒用長絙繫竹沉下其中水滿井上懸桔槔轆轤諸具制盤駕牛牛拽盤轉轆轤絞絙汲水而上入于釜中煎煉（只用中釜不用牢盆）頃刻結鹽色成至白西川有火井事奇甚其井居然冷水絕無火氣但以長竹剖開去節合縫漆布一頭插入井底其上曲接以口緊對釜臍注鹵水釜中只見火

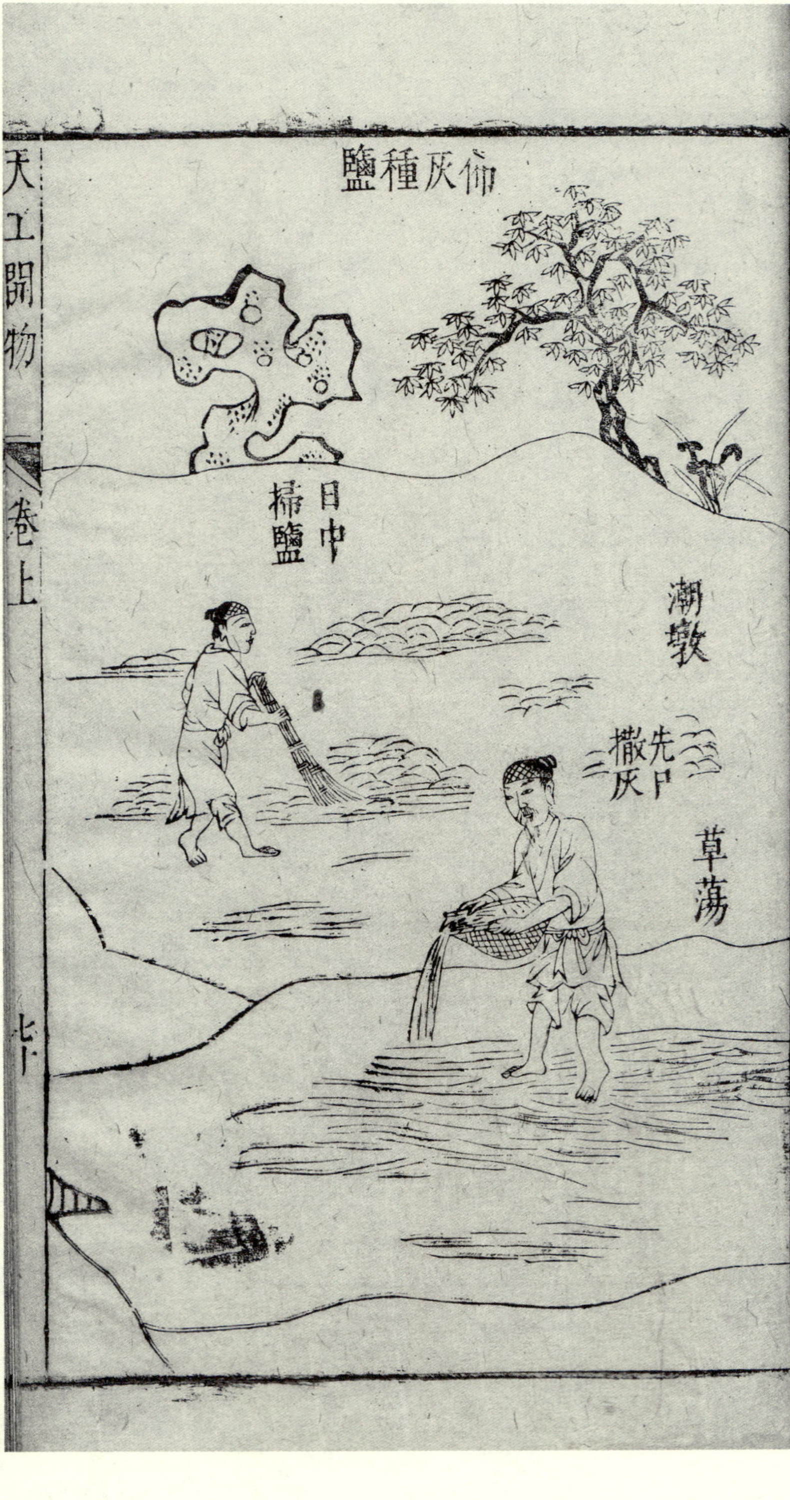
天工開物
卷上
佈灰種鹽
日中掃鹽
潮墩
先日撒灰
草蕩

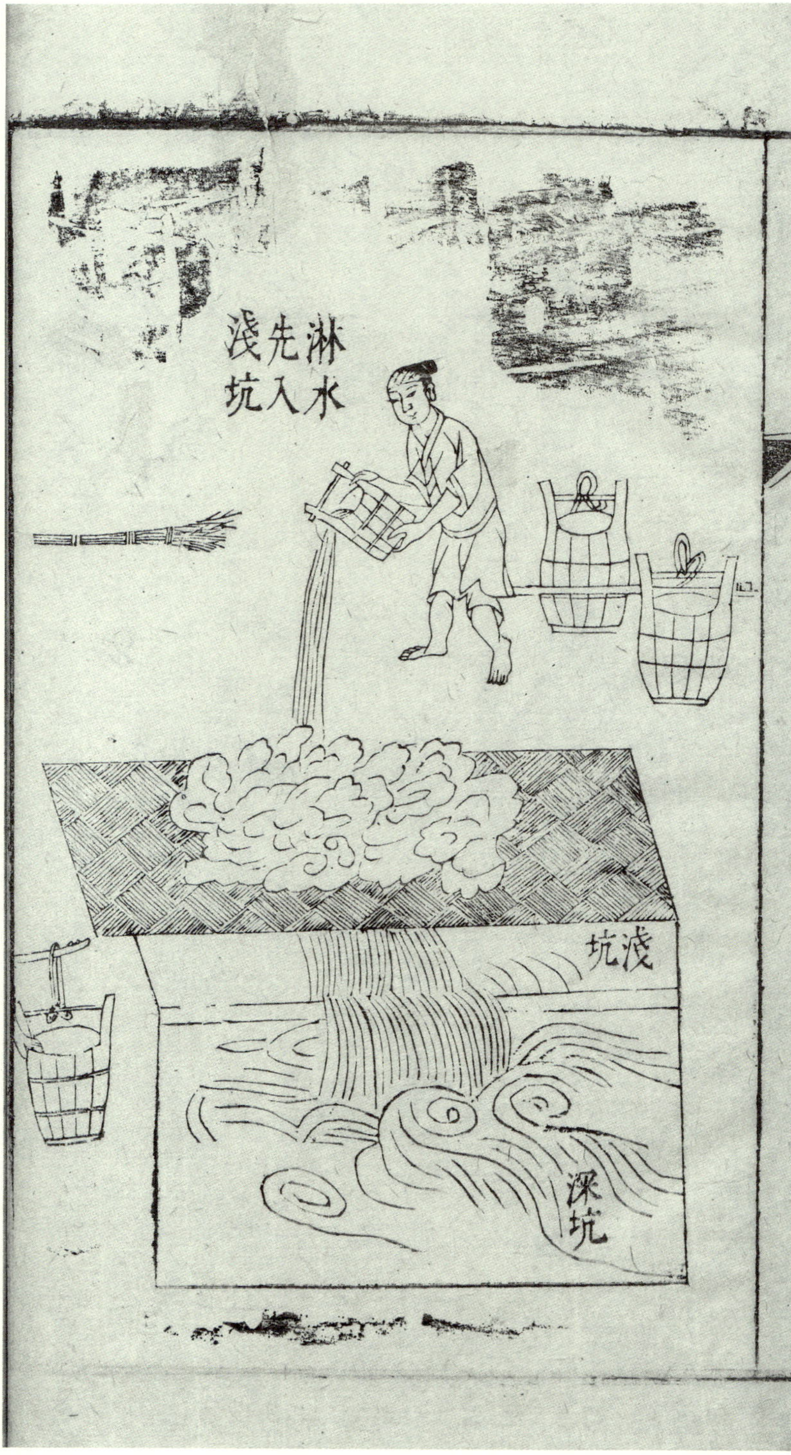
淋水先入浅坑
浅坑
深坑

海鹵煎煉
牢盆

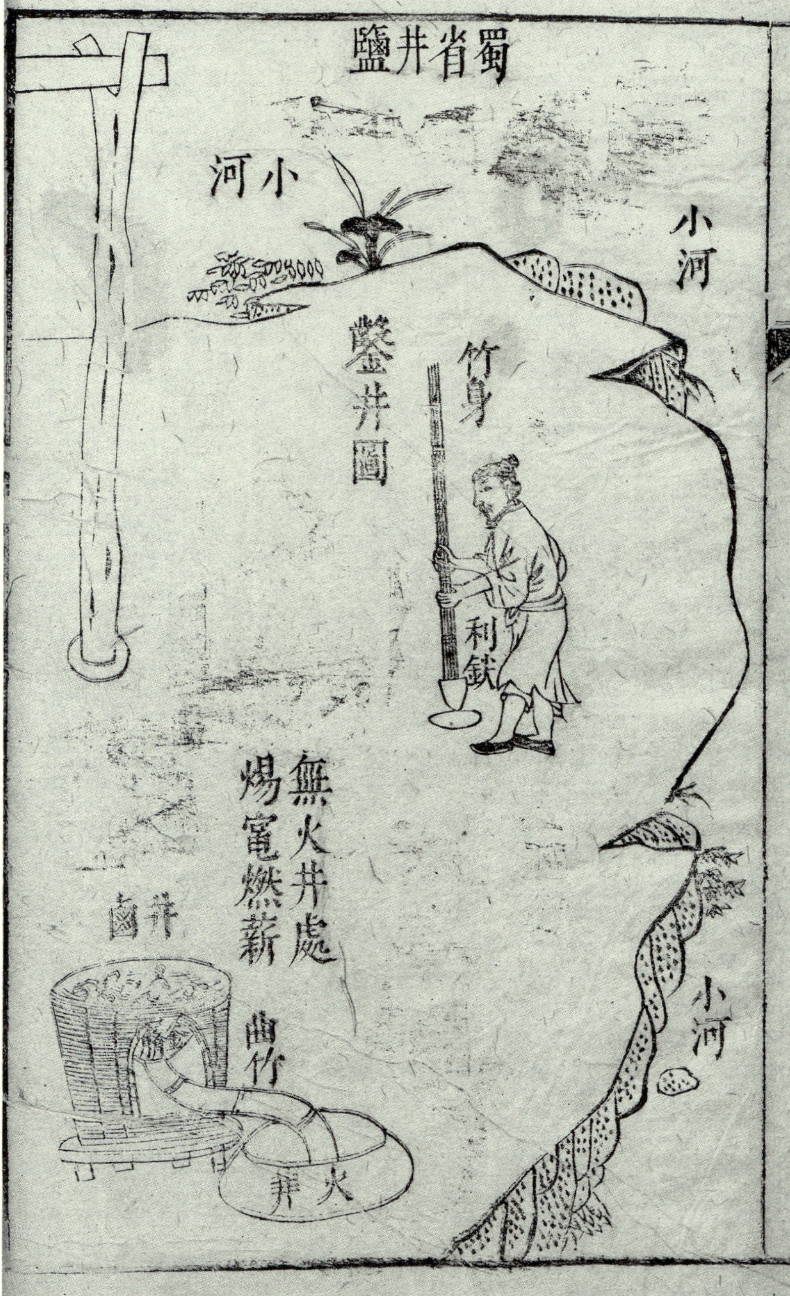
蜀省井鹽
小河
小河
小河
小河
鑿井圖
竹身
利鈌
無火井處
煬竈燃薪
井鹵
曲竹
火井

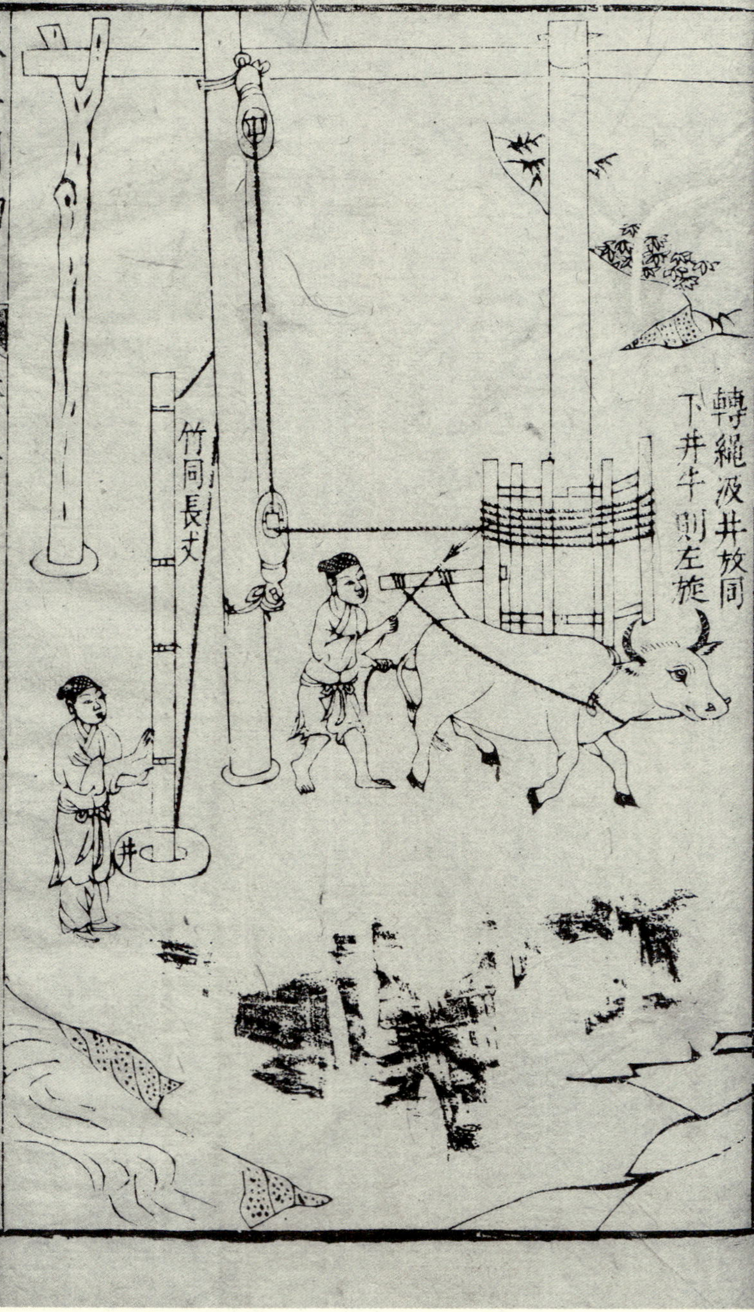
轉繩汲井放同
下井牛則左旋
竹同長丈
井

池鹽
南風結熟
引水入畦

意烘烘之即滚沸啓竹而視之絶無半點焦炎意未見
火形而用火神此世間大奇事也凡川滇鹽井逃課掩
蓋至易不可窮詰

末鹽

凡地鹻煎鹽除并州末鹽外長蘆分司地土人亦有刮
削煎成者帶雜黑色味不甚佳

崖鹽

凡西省階鳳等州邑海井交窮其岩穴自生鹽色如紅
土恣人刮取不假煎煉

甘嗜第六卷

宋子曰氣至于芳色至于豔味至于甘人之大欲存焉芳而烈豔而豔甘而甜則造物有尤異之思矣世間作甘之味什八產于草木而飛蟲竭力爭衡採取百花釀成佳味使草木無全功孰主張是而頤養遍于天下哉

蔗種

凡甘蔗有二種產繁閩廣間他方合併得其十一而已似竹而大者爲果蔗截斷生噉取汁適口不可以造糖似荻而小者爲糖蔗口噉即棘傷唇舌人不敢食白霜

紅砂皆從此出凡蔗古來中國不知造糖唐大曆間西

僧鄒和尚遊蜀中遂寧始傳其法今蜀中種盛亦自西

域漸來也凡種荻蔗冬初霜將至將蔗砍伐去杪與根

埋藏土内土忌窪聚水濕處雨水前五六日天色晴明卽開出

去外殼砍斷約五六寸長以兩箇節爲率密布地上微

以土掩之頭尾相枕若魚鱗然兩芽平放不得一上一

下致芽向土難發芽長一二寸頻以清糞水澆之俟長

六七寸鋤起分栽凡栽蔗必用夾沙土河濱洲土爲第

一試驗土色堀坑尺五許將沙土入口嘗味味苦者不

可栽蔗凡洲土近深山上流河濱者即土味甘亦不可

種盖山氣凝聚則他日糖味亦焦苦去山四五十里平

陽洲土擇佳而爲之黃泥脚地毫不可爲凡栽蔗治畦行濶四尺

犂溝深四寸蔗栽溝內約七尺列三叢掩土寸許土太

厚則芽發稀少也芽發三四箇或六七箇時漸漸下土

遇鋤耨時加之加土漸厚則身長根深庶免欹倒之患

凡鋤耨不厭勤過澆糞多少視土地肥磽長至一二尺

則將胡麻或芸薹枯浸和水灌灌肥欲施行內高二三

尺則用牛進行內耕之半月一耕用犁一次墾土斷傍

根一次掩土培根九月初培土護根以防砍後霜雪

蔗品

凡荻蔗造糖有凝氷白霜紅砂三品糖品之分分于蔗漿之老嫩凡蔗性至秋漸轉紅黑色冬至以後由紅轉褐以成至白五嶺以南無霜國土蓄蔗不伐以取糖霜若韶雄以化十月霜侵蔗質遇霜即殺其身不能久待以成白色故速伐以取紅糖也凡取紅糖窮十日之力而為之十日以前其漿尚未滿足十日以後恐霜氣逼侵前功盡棄故種蔗十畝之家即製車釜一付以供急

用若廣南無霜遲早惟人也

造糖　具圖

凡造糖車制用横板二片長五尺厚五寸濶二尺兩頭

鑿眼安柱上筍出少許下筍出版二三尺埋築土内使

安穩不摇上板中鑿二眼並列巨軸兩根木用至堅重者軸木

大七尺圍方妙兩軸一長三尺一長四尺五寸其長者

出筍安犂擔擔用屈木長一丈五尺以便駕牛團轉走

軸上鑿齒分配雌雄其合縫處須直而圓圓而縫合夾

蔗于中一軋而過與棉花赶車同義蔗過漿流再拾其

軋蔗取漿圖

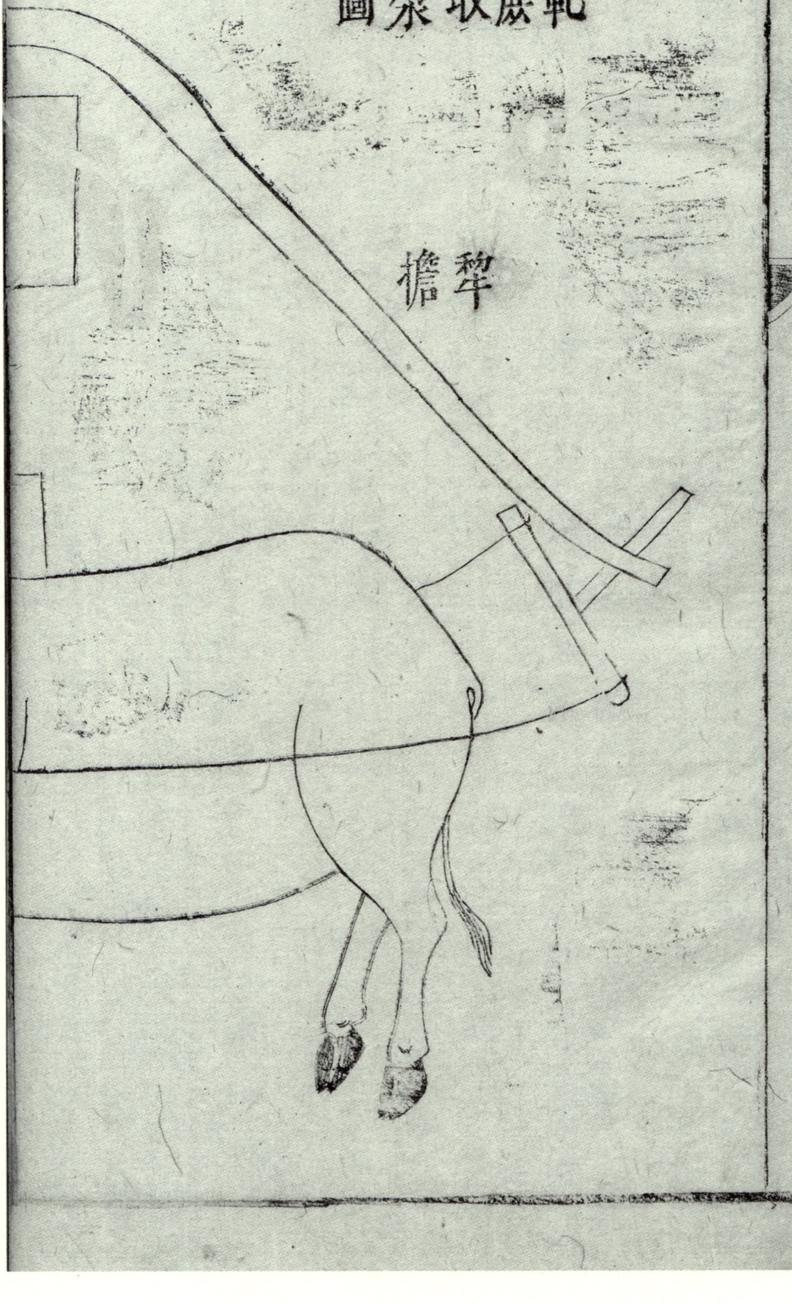

出筍
鴨嘴

滓向軸上鴨嘴扱入再軋又三軋之其汁盡矣其滓爲薪其下板承軸鑿眼只深一寸五分使軸脚不穿透以便板上受汁也其軸脚嵌安鐵錠于中以便捩轉凡汁漿流板有槽梘汁入于缸內每汁一石下石灰五合于中凡取汁煎糖並列三鍋如品字先將稠汁聚入一鍋然後逐加稀汁兩鍋之內若火力少束薪其糖即成頑糖起沫不中用

造白糖

凡閩廣南方經冬老蔗用車同前法笮汁入缸看水花

爲火色其花煎至細嫩如煑羹沸以手捻試粘手則信來矣此時尚煑黑色將桶盛貯凝成黑沙然後以瓦溜（教陶家燒造）置缸上其溜上寬下尖底有一小孔將草塞住傾桶中黑沙于內待黑沙結定然後去孔中塞草用黃泥水淋下其中黑滓入缸內溜內盡成白霜最上一層厚五寸許潔白異常名曰洋糖（西洋糖絕白美故名）下者稍黃褐

造冰糖者將洋糖煎化蛋青澄去浮滓候視火色將新青竹破成篾片寸斬撒入其中經過一宵即成天然冰塊造獅象人物等質料精粗由人凡白糖有五品石山

澄結糖霜瓦器

凡造獸糖者每巨釜一口受糖五十斤其下發火慢煎火從一角燒灼則糖頭滾旋而起若釜心發火則盡盡沸溢于地每釜用雞子三个去黃取青入冷水五升化解逐匙滴下用火糖頭之上則浮漚黑滓盡起水面以笊籬撈去其糖清白之甚然後打入銅銚下用自風慢火溫之看定火色然後入模凡獅象糖模兩合如瓦為之杓寫糖入隨手覆轉傾下模冷糖燒自有糖一膜靠模凝結名曰享糖華筵用之

爲上團伎次之甕鑑次之小顆又次沙脚爲下

蜂蜜

凡釀蜜蜂普天皆有唯蔗盛之鄉則蜜蜂自然減少蜂

造之蜜出山岩土穴者十居其八而人家招蜂造釀而

割取者十居其二也凡蜜無定色或青或白或黄或褐

皆隨方土花性而變如菜花蜜禾花蜜之類百千其名

不止也凡蜂不論于家于野皆有蜂王王之所居造一

臺如桃大王之子世爲王王生而不採花每日羣蜂輪

值分班採花供王王每日出遊兩度（春夏造蜜時）遊則八蜂

輪値以待蜂王自至孔隙口四蜂以頭項腹四蜂傍翼飛翔而去遊數刻而返翼項如前畜家蜂者或懸桶簷端或寘箱牖下皆錐圓孔眼數十俟其進入凡家人殺一蜂二蜂皆無恙殺至三蜂則羣起螫人謂之蜂反凡蝙蝠最喜食蜂投隙入中吞噬無限殺一蝙蝠懸于蜂前則不敢食俗謂之梟令凡家畜蜂東隣分而之西舍必分王之子去而爲君去時如鋪扇擁衛鄉人有撒酒糟香而招之者凡蜂釀蜜造成蜜脾其形鬣鬣然咀嚼花心汁吐積而成潤以人小遺則甘芳並至所謂臭腐

神奇也凡割脾取蜜蜂子多死其中其底則爲黄蠟凡深山崖石上有經數載未割者其蜜已經時自熟土人以長竿刺取蜜即流下或未經年而板緣可取者割鍊與家蜜同也土穴所釀多出北方南方卑濕有崖蜜而無穴蜜凡蜜脾一斤煉取十二兩西北半天下盖與蔗漿分勝云

飴餳

凡飴餳稻麥黍粟皆可爲之洪範云稼穡作甘及此乃窮其理其法用稻麥之類浸濕生芽暴乾然後煎鍊調

化而成色以白者爲上赤色者名曰膠飴一時宫中尚
之含于口内即溶化形如琥珀南方造餅餌者謂飴餳
爲小糖盖對蔗漿而得名也飴餳人巧千方以供甘旨
不可枚述惟尚方用者名一窩絲或流傳後代不可知
也

天工開物上卷

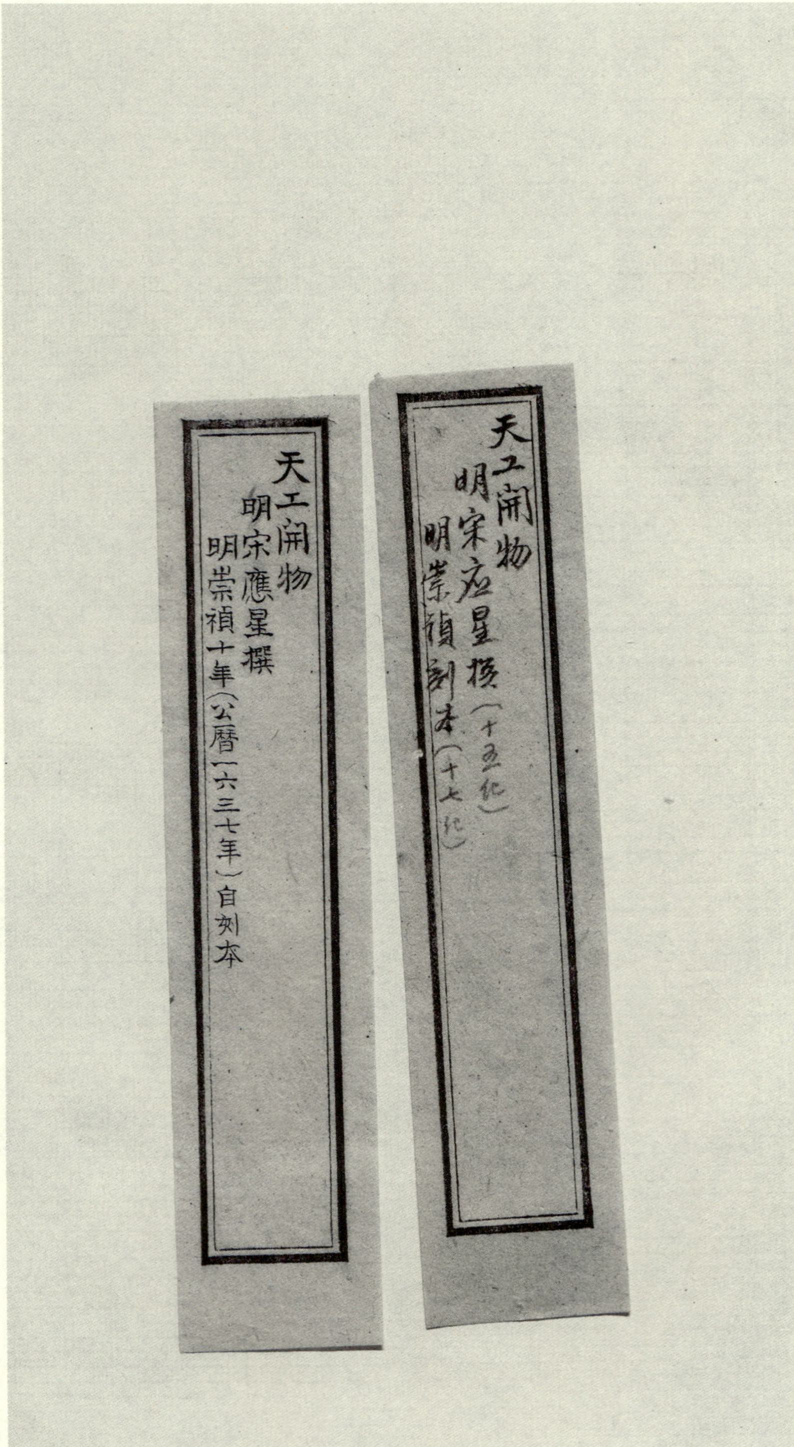
天工開物
明宋應星撰
明崇禎十年（公曆一六三七年）自刻本
天工開物
明宋应星撰（十五纪）
明崇禎刻本（十七纪）

天工開物卷中

陶埏第七卷

宋子曰水火既濟而土合萬室之國日勤千人而不足民用亦繁矣哉上棟下室以避風雨而瓴建焉王公設險以守其國而城垣雉堞寇來不可上矣泥甕堅而醴酒欲清瓦登潔而醯醢以薦商周之際俎豆以木爲之毋亦質重之思耶後世方土效靈人工表異陶成雅器有素肌玉骨之象焉掩映幾筵文明可掬豈終固哉

瓦

凡埏泥造瓦掘地二尺餘擇取無沙粘土而爲之百里
之內必產合用土色供人居室之用凡民居瓦形皆四
合分片先以圓桶爲模骨外畫四條界調踐熟泥疊成
高長方條然後用鐵線弦弓線上空三分以尺限定向
泥不平戛一片似揭紙而起周包圓桶之上待其稍乾
脫模而出自然裂爲四片凡瓦大小若無定式大者縱
横八九寸小者縮十之三室宇合溝中則必需其最大
者名曰溝瓦能承受淫雨不溢漏也凡坯既成乾燥之
後則堆積窯中燃薪舉火或一晝夜或二晝夜視陶中

多少爲熄火久暫澆水轉銹（音右）與造磚同法其垂于簷端者有滴水下于脊沿者有雲瓦瓦掩覆脊者有抱同鎮脊兩頭者有鳥獸諸形象皆人工逐一做成載于窯內受水火而成器則一也若皇家宮殿所用大異于是其制爲琉璃瓦者或爲板片或爲宛筒以圓竹與斵木爲模逐片成造其土必取于太平府（舟運三千里方達京師參沙之偽雇役擄舡之擾害不可極即承天皇陵亦取于此無人議正）造成先裝入琉璃窯內每柴五千斤燒瓦百片取出成色以無名異棕櫚毛等煎汁塗染成綠黛赭石松香蒲草等塗染成黃再入別窯

減殺薪火逼成琉璃寶色外省親王殿與仙佛宮觀間亦爲之但色料各有譬合採取不必盡同民居則有禁也

磚

凡埏泥造磚亦堀地驗辨土色或藍或白或紅或黃閩廣多紅泥藍者名善泥江浙居多皆以粘而不散粉而不沙者爲上汲水滋土人逐數牛錯趾踏成稠泥然後塡滿木匡之中鐵線弓戛平其面而成坯形凡郡邑城雉民居垣墻所用者有眠磚側磚兩色眠磚方長條砌城郭與民人饒富家不惜工費直疊而上民居筭計者則一眠之上施側磚

一路塡土礫其中以實之盖省嗇之義也凡墻磚而外
甃地者名曰方墁磚榱桷上用以承瓦者曰楻板磚圓
鞠小橋梁與圭門與窀穸墓穴者曰刀磚又曰鞠磚凡
刀磚削狹一偏靣相靠擠緊上砌成圓車馬踐壓不能
損陷造方墁磚泥入方匡中平板盖靣兩人足立其上
研轉而堅固之燒成效用石工磨斵四沿然後甃地乃
磚之直視墻磚稍溢一分楻板磚則積十以當墻磚之
一方墁磚則一以敵墻磚之十也凡磚成坯之後裝入
窯中所裝百鈞則火力一晝夜二百鈞則倍時而足凡

燒磚有柴薪窯有煤炭窯用薪者出火成青黑色用煤者出火成白色凡柴薪窯巔上偏側鑿三孔以出烟火足止薪之候泥固塞其孔然後使水轉銹凡火候少一兩則銹色不光少三兩則名嫩火磚本色雜現他日經霜冒雪則立成解散仍還土質火候多一兩則磚面有裂紋多三兩則磚形縮小拆裂屈曲不伸擊之如碎鐵然不適于用巧用者以之埋藏土內爲牆脚則亦有磚之用也凡觀火候從窯門透視內壁土受火精形神搖蕩若金銀鎔化之極然陶長辨之凡轉銹之法窯巔作

一平可樣四圍稍弦起灌水其土甎瓦百鈞用水四十石水神透入土膜之下與火意相感而成水火旣濟其質千秋矣若煤炭窯視柴窯深欲倍之其上圓鞠漸小併不封頂其内以煤造成尺五徑潤餅每煤一層隔甎一層葦薪墊地發火若皇居所用甎其大者廠在臨清工部分司主之初名色有副甎券甎平身甎望板甎斧刄甎方甎之類後革去半運至京師每漕舫搭四十塊民舟半之又細料方甎以甃正殿者則由蘇州造解其琉璃甎色料已載瓦款取薪臺基廠燒由黑窯云

造瓦
鉄線弖過
熟泥
瓦模桶中
有四界痕

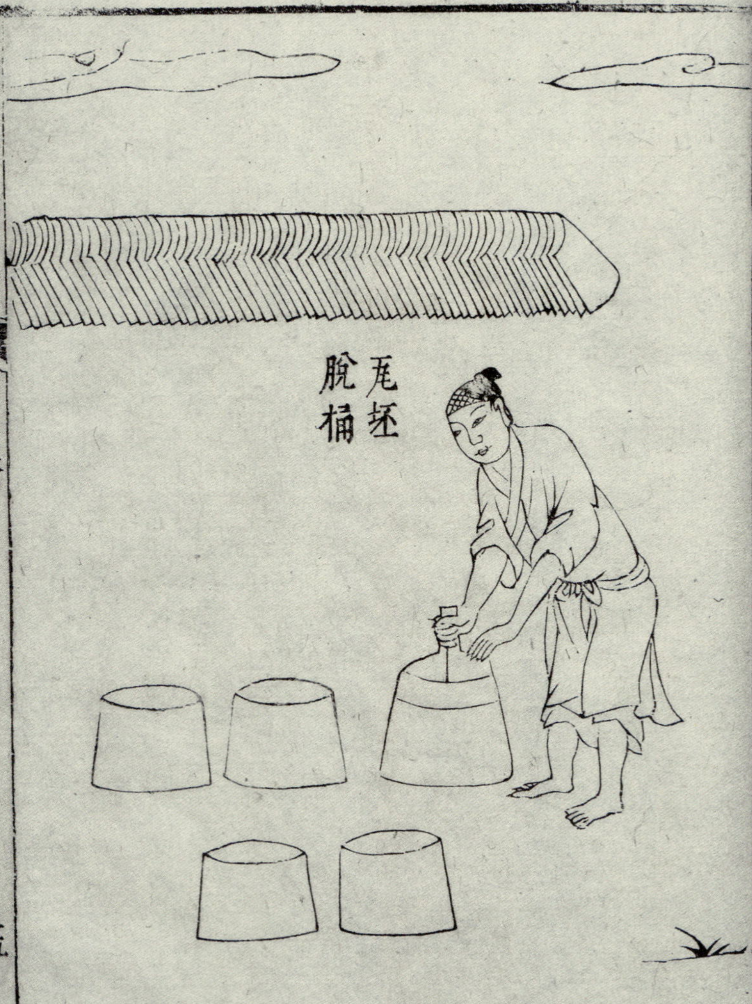
瓦坯脫桶

泥造塼坯

磚瓦濟水轉銹窯

煤炭烧砖窑

罌甕

凡陶家爲缶屬其類百千大者缸甕中者鉢盂小者瓶罐款制各從方土悉數之不能造此者必爲圓而不方之器試土尋泥之後仍制陶車旋盤工夫精熟者視器大小掐泥不甚增多少兩人扶泥旋轉一捏而就其朝廷所用龍鳳缸（窰在眞定曲陽與揚州儀眞）與南直花缸則厚積其泥以俟雕鏤作法全不相同故其直或百倍或伍十倍也凡罌缶有耳嘴者皆另爲合上以銹水塗粘陶器皆有底無底者則陜以西炊甑用瓦不用木也凡諸陶器

精者中外皆過銹粗者或銹其半體惟沙盆齒鉢之類其中不銹存其粗澁以受研擂之功沙鍋沙罐不銹利于透火性以熟烹也凡銹質料隨地而生江浙閩廣用者蕨藍草一味其草乃居民供竈之薪長不過三尺枝葉似杉木勒而不棘人其名數十各地不同陶家取來燃灰布袋灌水澄濾去其粗者取其絕細每灰二碗參以紅土泥水一碗攪令極勻蘸塗坯上燒出自成光色北方未詳用何物蘇州黃罐銹亦別有料惟上用龍鳳器則仍用松香與蕪名異也凡瓶窯燒小器缸窯燒大器山西浙

江各分缸窯瓶窯餘省則合一處爲之凡造敞口缸旋
成兩截接合處以木椎內外打緊匝口壜甕亦兩截接
內不便用椎預于別窯燒成瓦圈如金剛圈形托印其
內外以木椎打緊土性自合凡缸瓶窯不于平地必于
斜阜山岡之上延長者或二三十丈短者亦十餘丈連
接爲數十窯皆一窯高一級盖依傍山勢所以驅流水
濕滋之患而火氣又循級透上其數十方成陶者其中
苦無重值物合併衆力衆資而爲之也其窯鞠成之後
上鋪覆以絕細土厚三寸許窯隔五尺許則透烟窓窰

瓶窯連接

缸窯

造瓶

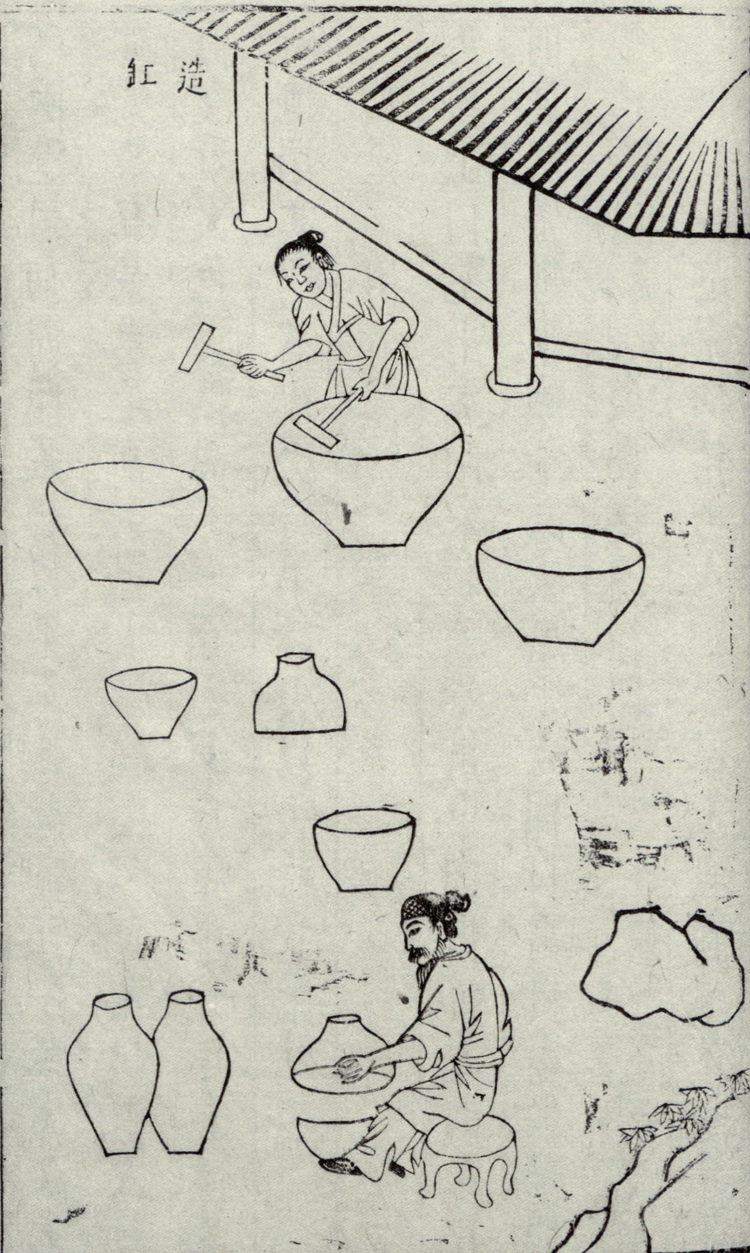
造缸

門兩邊相向而開裝物以至小器裝載頭一低窯絶大缸甕裝在最末尾高窯發火先從頭一低窯起兩人對面交看火色大抵陶器一百三十斤費薪百斤火候足時掩閉其門然後次發第二火以次結竟至尾云

白瓷　附青瓷

凡白土曰堊土爲陶家精美器用中國出惟五六處北則眞定定州平凉華亭太原平定開封禹州南則泉郡德化（土出永定窯在德化）徽郡婺源祁門（他處白土陶範不粘或以掃壁爲墁）德化窯惟以燒造瓷仙精巧人物玩器不適實用眞開等郡

瓷窯所出色或黄滯無寳光合併數郡不敵江西饒郡
產浙省處州麗水龍泉兩邑燒造過銹杯碗青黒如漆
名曰處窯宋元時龍泉華琉山下有章氏造窯出款貴
重古董行所謂哥窯器者即此若夫中華四裔馳名獵
取者皆饒郡浮梁景德鎮之產也此鎮從古及今爲燒
器地然不產白土土出婺源祁門兩山一名高梁山出
粳米土其性堅硬一名開化山出糯米土其性粢軟兩
土和合瓷器方成其土作成方塊小舟運至鎮造器者
將兩土等分入臼舂一日然後入缸水澄其上浮者爲

細料傾跌過一缸其下沉底者爲粗料細料缸中再取
上浮者傾過爲最細料沉底者爲中料旣澄之後以磚
砌方長塘逼靠火窯以借火力傾所澄之泥于中吸乾
然後重用清水調和造坯凡造瓷坯有兩種一曰印器
如方圓不等瓶甕爐合之類御器則有瓷屏風燭臺之
類先以黄泥塑成模印或兩破或兩截亦或圂圖然後
埏白泥印成以鏽水塗合其縫燒出時自圓成無隙一
曰圓器凡大小億萬杯槃之類乃生人日用必需造者
居十九而印器則十一造此器坯先製陶車車豎直木

一根埋三尺入土内使之安穩上高二尺許上下列圓
盤盤沿以短竹棍撥運旋轉盤頂正中用檀木刻成盔
頭冒其上凡造杯盤無有定形模式以兩手捧泥盔冒
之上旋盤使轉拇指剪去甲按定泥底就大指薄旋而
上即成一坯碗之形（初學者任從作費 / 破坯取泥再造）功多業熟即千
萬如出一範凡盔冒上造小坯者不必加泥造中盤大
碗則增泥大其冒使乾燥而後受功凡手指旋成坯後
覆轉用盔冒一印微晒留滋潤又一印晒成極白乾入
水一汶漉上盔冒過利刀二次（過刀時手脉微振 / 燒出即成雀口）然後

補整碎缺就車上旋轉打圈圈後或畫或書字畫後噴水數口然後過銹凡爲碎器與千鍾粟與褐色杯等不用青料欲爲碎器利刀過後日晒極熱入清水一蘸而起燒出自成裂文千鍾粟則銹漿捷點褐色則老茶葉煎水一抹也古碎器日本國極珍重眞者不惜千金古香爐碎器不知何代造底有鐵釘其釘掩光色不鏽凡饒鎮自瓷銹用小港嘴泥漿和桃竹葉灰調成似清泔汁泉郡瓷仙用松毛水調泥漿處郡青瓷銹未詳所出盛于缸內凡諸器過銹先蕩其內外邊用指一蘸塗弦自然流遍凡畫碗青料總一味無名異漆匠煎油亦用以收火色此物不生深土浮生

地面深者堀下三尺卽止各省直皆有之亦辨認上料

中料下料用時先將炭火叢紅煆過上者出火成翠毛

色中者微青下者近土褐上者每斤煆出只得七兩中

下者以次縮减如上品細料器及御器龍鳳等皆以上

料畫成故其價每石値銀貳拾肆兩中者半之下者則

十之三而已凡饒鎭所用以衢信兩郡山中者爲上料

名曰浙料上高諸邑者爲中豐城諸處者爲下也凡使

料煆過之後以乳鉢極研（其鉢底留粗不轉銹）然後調畫水調研

時色如皂入火則成青碧色凡將碎器爲紫霞色杯者

用臙脂打濕將鐵線紐一兜絡盛碎器其中炭火炙熱然後以濕臙脂一抹即成凡宣紅器乃燒成之後出火另施工巧微炙而成者非世上硃砂能留紅質于火內也（宣紅元末已失傳正德中歷試復造出）凡瓷器經畫過銹之後裝入匣鉢（裝時手拿微重後日燒出即成坳口不復周正）鉢以粗泥造其中一泥餅托一器底空處以沙實之大器一匣裝一個小器十餘共一匣鉢鉢佳者裝燒十餘度劣者一二次即壞凡匣鉢裝器入窯然後舉火其窯上空十二圓眼名曰天窗火以十二時辰爲足先發門火十個時火力從下攻上然

後天窻擲柴燒兩時火力從上透下器在火中其軟如
棉絮以鐵叉取一以驗火候之足辨認眞足然後絶薪
止火共計一杯工力過手七十二方克成器其中微細
節目尚不能盡也

附窰變　回青

正德中內使監造御器時宣紅失傳不成身家俱喪一
人躍入自焚托夢他人造出競傳窰變好異者遂妄傳
燒出鹿象諸異物也又回青乃西域大青美者亦名佛
頭青上料無名異出火似之非大青能入洪炉存本色也

瓷器窯
天窓十二眼
後入薪燒火
兩箇時火
從上足下
共計火力
十二時辰
門火先燒十箇時
足火從下攻上

過利手刀一振即成雀口
造瓷圓器杯盤
陶車根埋土內

瓷器汶水

打圈
畫回青

瓷器過銹

冶鑄第八卷

宋子曰首山之採肇自軒轅源流遠矣哉九牧貢金用襄禹鼎從此火金功用日異而月新矣夫金之生也以土爲母及其成形而效用于世也母模子肖亦猶是焉精粗巨細之間但見鈍者司舂利者司墾薄其身以媒合水火而百姓繁虛其腹以振盪空靈而八音起愿者肖仙梵之身而塵凡有至象巧者奪上清之魄而海寓遍流泉即屈指唱籌豈能悉數要之人力不至于此

鼎

凡鑄鼎唐虞以前不可考唯禹鑄九鼎則因九州貢賦壤則已成入貢方物歲例已定疏濬河道已通禹貢業已成書恐後世人君增賦重歛後代侯國冒貢奇淫後日治水之人不由其道故鑄之于鼎不如書籍之易去使有所遵守不可移易此九鼎所爲鑄也年代久遠未學寡聞如蠙珠暨魚狐狸織皮之類皆其刻畫于鼎上者或漫滅改形亦未可知陋者遂以爲怪物故春秋傳有使知神姦不逢魑魅之說也此鼎入秦始亡而春秋時郜大鼎莒二方鼎皆其列國自造即有刻畫必失禹

貢初旨此但存名爲古物後世圖籍繁多百倍上古亦不復鑄鼎特并志之

鍾

凡鍾爲金樂之首其聲一宣大者聞十里小者亦及里之餘故君視朝官出署必用以集衆而鄉飲酒禮必用以和歌梵宫仙殿必用以明揮謁者之誠幽起鬼神之敬凡鑄鍾高者銅質下者鐵質今北極朝鍾則純用響銅每口共費銅四萬七千斤錫四千斤金五十兩銀一百二十兩于内成器亦重二萬斤身高一丈一尺五寸

雙龍蒲牢高二尺七寸口徑八尺則今朝鍾之制也凡

造萬鈞鍾與鑄鼎法同堀坑深丈幾尺燥築其中如房

舍埏泥作模骨其模骨用石灰三和土築不使有絲毫

隙拆乾燥之後以牛油黃蠟附其上數寸油蠟分兩油

居什八蠟居什二其上高蔽抵晴雨夏月不可爲油蠟油不凍結

墁定然後雕鏤書文物象絲髮成就然後舂篩絕細土

與炭末爲泥塗墁以漸而加厚至數寸使其內外透體

乾堅外施火力炙化其中油蠟從口上孔隙鎔流淨盡

則其中空處即鍾鼎托體之區也凡油蠟一斤虛位填

銅十斤塑油時盡油十斤則備銅百斤以俟之中既空淨則議鎔銅凡火銅至萬鈞非手足所能驅使四面築爐四面泥作槽道其道上口承接爐中下口斜低以就鍾鼎入銅孔槽傍一齊紅炭熾圍洪爐鎔化時決開槽梗（先泥土爲梗塞住）一齊如水橫流從槽道中梘注而下鍾鼎成矣凡萬鈞鐵鍾與爐釜其法皆同而塑法則由人省嗇也若千斤以內者則不須如此勞費但多揑十數鍋爐爐形如箕鐵條作骨附泥做就其下先以鐵片圈筒直透作兩孔以受杠穿其爐墊于土墩之上各爐一齊

鼓鞴鎔化化後以兩杠穿爐下輕者兩人重者數人抬

起傾注模底孔中甲爐旣傾乙爐疾繼之丙爐又疾繼

之其中自然粘合若相承迂緩則先入之質欲凍後者

不粘釁所由生也凡鐵鍾模不重費油蠟者先埏土作

外模剖破兩邊形或爲兩截以子戶串合翻刻書文于

其上內模縮小分寸空其中體精算而就外模刻文後

以牛油滑之使他日器無粘欖然後蓋上泥合其縫而

受鑄焉巨磬雲板法皆做此

釜

凡釜儲水受火日用司命繫焉鑄用生鐵或廢鑄鐵器爲質大小無定式常用者徑口二尺爲率厚約二分小者徑口半之厚薄不減其模內外爲兩層先塑其內俟久日乾燥合釜形分寸于上然後塑外層盖模此塑匠最精差之毫釐則無用模既成就乾燥然後泥捏冶爐其中如釜受生鐵于中其爐背透管通風爐面捏嘴出鐵一爐所化約十釜二十釜之料鐵化如水以泥固純鐵柄杓從嘴受注一杓約一釜之料傾注模底孔內不俟冷定卽揭開盖模看視罅綻未周之處此時釜身尚

通紅未黑有不到處即澆少許于上補完打濕草片按平苦無痕迹凡生鐵初鑄釜補綻者甚多唯廢破釜鐵鎔鑄則無復隙漏（朝鮮國俗破釜必棄之山中不以還爐）凡釜既成後試法以輕杖敲之響聲如木者佳聲有差響則鐵質未熟之故他日易爲損壞海内叢林大處鑄有千僧鍋者煑糜受米二石此直癡物云

像

凡鑄仙佛銅像塑法與朝鍾同但鍾鼎不可接而像則數接爲之故寫時爲力甚易但接模之法分寸最精云

砲

凡鑄砲西羊紅夷佛郎機等用熟銅造信砲短提銃等用生熟銅兼半造襄陽盞口大將軍二將軍等用鐵造

鏡

凡鑄鏡模用灰沙銅用錫和（不用倭鉛）考工記亦云金錫相半謂之鑒燧之劑開面成光則水銀附體而成非銅有光明如許也唐開元宮中鏡盡以白銀與銅等分鑄成每口值銀數兩者以此故硃砂斑點乃金銀精華發現（古爐有入金于內者）我朝宣爐亦緣某庫偶災金銀雜銅錫化作

鑄鼎圖
土槽
土槽
入孔

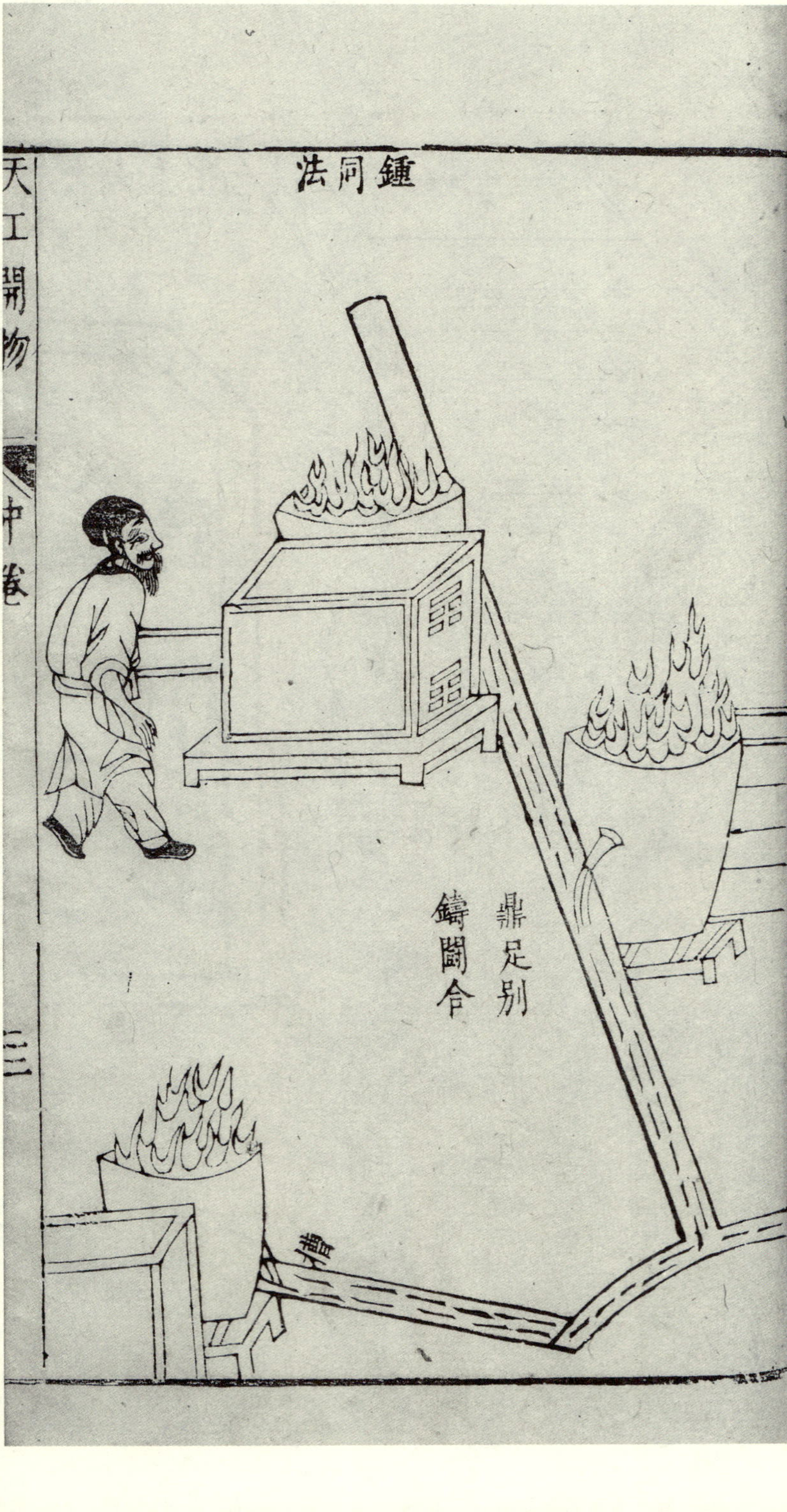
法同鐘
鼎足別
鑄鬦合
天工開物
中卷
三

鑄千斤

鍾與仙佛像圖

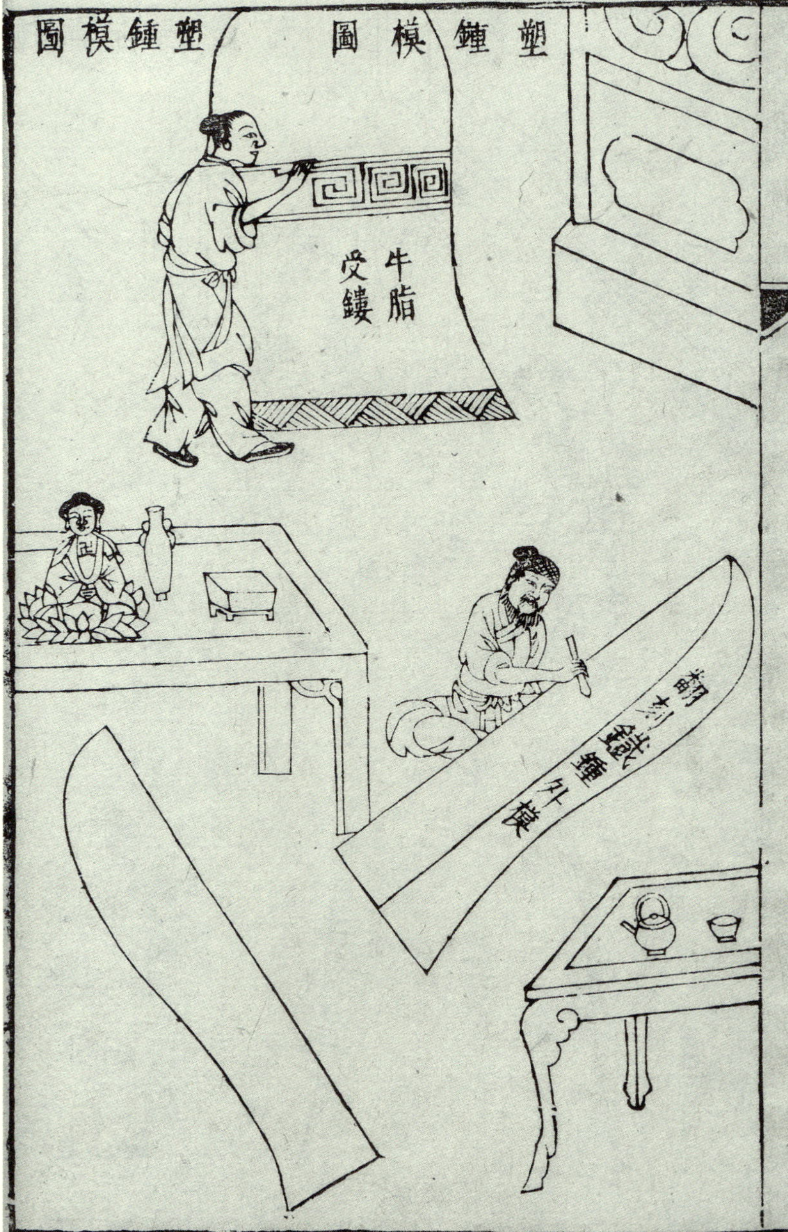
塑鍾模圖
塑鍾模圖
牛脂受鏤
翻刻鐵鍾外模

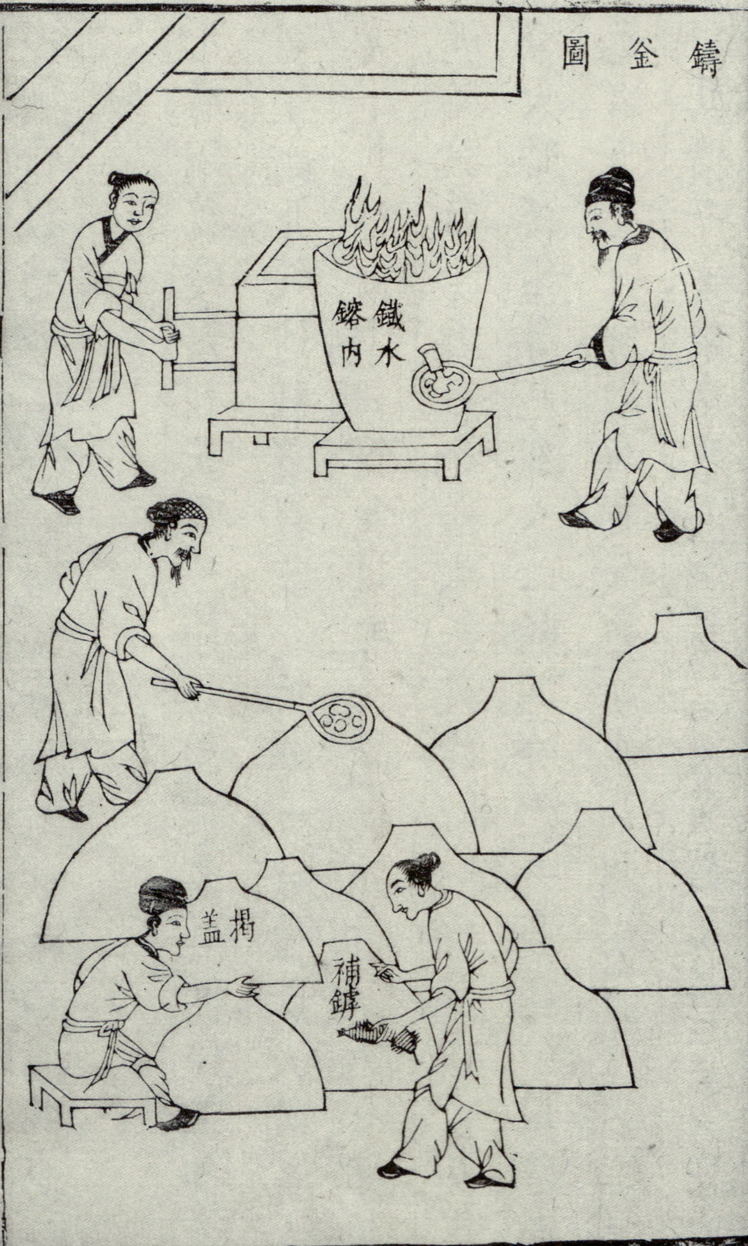
鑄釜圖
鐵水鎔內
揭盖
補罅

一國命以鑄爐直其者錯現金色唐戶鏡亘爐皆朝廷盛世物也

錢

凡鑄銅爲錢以利民用一面刊國號通寶四字工部分
司主之凡錢通利者以十文抵銀一分值其大錢當五
當十其弊便于私鑄及以害民故中外行而輒不行也
凡鑄錢每十斤紅銅居六七倭鉛京中各木錫居四三此等
分大略倭鉛每見烈火必耗四分之一我朝行用錢高
色者惟此京實源局黃錢與廣東高州炉青錢高州錢行盧淳
泉路其價一文敵南直江浙等二文黃錢又分二等四火

銅所鑄曰金背錢二火銅所鑄曰火漆錢凡鑄錢鎔銅之礶以絶細土末（打碎乾土磚妙）和炭末爲之（京炉用牛蹄甲未詳何作用）礶料十兩土居七而炭居三以炭灰性煖佐土使易化物也礶長八寸口徑二寸五分一礶約載銅鉛十斤銅先入化然後投鉛洪爐扇合傾入模内凡鑄錢模以木四條爲空匡（木長一尺二寸闊一寸二分）土炭末篩令極細填實匡中微洒杉木炭灰或柳木炭灰于其面上或熏模則用松香與清油然後以母錢百文（用錫雕成）或字或背布置其上又用一匡如前法填實合盖之既合之後巳成面背

兩匡隨手覆轉則母錢盡落後匡之上又用一匡塡實合上後匡如是轉覆只合十餘匡然後以繩細定其木匡上弦原留入銅眼孔鑄工用鷹嘴鉗洪爐提出鎔礶一人以別鉗扶抬礶底相助逐一傾入孔中冷定解繩開匡則磊落百文如花果附枝模中原印空梗走銅如樹枝樣挾出逐一摘斷以待磨鎈成錢凡錢先錯邊沿以竹木條直貫數百文受鎈後鎈平面則逐一爲之凡錢高低以鉛多寡分其厚重與薄削則昭然易見鉛賤銅貴私鑄者至對半爲之以之擲堦石上聲如木石者

此低錢也若高錢銅九鉛一則擲地作金聲矣凡將成

器廢銅鑄錢者每火十耗其一盖鉛質先走其銅色漸

高勝于新銅初化者若琉球諸國銀錢其模即鏨鈌鐵

鉗頭上銀化之時入鍋夾取淬于冷水之中即落一錢

其內圖并具右

附鐵錢

鐵質賤甚從古無鑄錢起于唐藩鎮魏博諸地銅貨不

通始冶爲之盖斯須之計也皇家盛時則冶銀爲豆雜

伯衰時則鑄鐵爲錢併志博物者感慨

鑄錢
模印錢冊

鷹嘴鉗
入銅孔

錢鎈

倭國造銀錢